高等学校教員のための
特別支援教育
入門

大塚 玲【編著】
Otsuka Akira

萌文書林
Houbunshorin

JN065220

執筆者

【編著者】

おおつか あきら
大塚 玲
静岡大学教授（第2章、第5章、pp. 30-31、pp. 68-69）

【著者】（五十音順）

あおき ますみ
青木真純
元筑波大学 DAC センター研究員（第3章、p. 43、pp. 94-95）

い で ともひろ
井出智博
北海道大学大学院准教授（第12章）

かきざわとしぶみ
柿澤敏文
筑波大学教授（第6章第1～3節、p. 81）

こ じまよし み
小島祥美
愛知淑徳大学教授（第11章）

ご とうたかあき
後藤隆章
横浜国立大学准教授（第4章）

さ とうあつ こ
左藤敦子
筑波大学准教授（第7章）

さ ぶりけい こ
左振恵子
帝京平成大学准教授（第6章第4・5節、p. 81）

たきがわくによし
滝川国芳
京都女子大学教授／京都教育大学大学院教授（第9章）

つ げ み ふみ
柘植美文
浜松学院大学講師（第8章、pp. 106-107）

に わ のぼる
丹羽 登
関西学院大学教授（第1章）

まつもとかずひさ
松本和久
岐阜聖徳学園大学教授（第10章）

はじめに

2007年4月、特別支援教育がはじまりました。幼稚園から高等学校まで、初等中等教育段階のすべての学校において、教育上特別の支援を必要とする子どもたちに対し、障害による学習上または生活上の困難を克服するための教育を行うことになったのです。

2014年1月には、障害者権利条約の批准により、わが国の特別支援教育は、障害のある子どもと障害のない子どもが共に学ぶインクルーシブ教育システム構築に向けて歩みはじめました。

そして2018年4月、高等学校においても通級による指導がはじまりました。今や、特別支援学校や特別支援学級の担任だけでなく、すべての学校の教員が、特別支援教育や特別の支援を必要とする子どもたちについて、基本的な知識を身につけておくことが求められています。

本書は、主として高等学校教員免許状の取得をめざして勉強している学生のみなさんに向けたテキストとして作成したものです。そのため、高等学校教員として、これだけは知っておいてほしいといった基礎的な事項を網羅しています。もちろん、すでに高等学校の現場に立っている先生方にも十分役に立つ内容になっています。それぞれの障害の専門家が、できるだけ平易な文章を用い、具体的な事例や図表などを多く取り入れ、読者のみなさんの理解が深まるよう工夫して執筆しました。

ところで、2019年度以降に入学した大学生は教員免許状を取得するため、教職科目として「特別の支援を必要とする幼児、児童及び生徒に対する理解」に関する科目の履修が義務づけられることになりました。そこで本書では、上記の授業内容に含めるよう求められている貧困家庭の生徒や外国につながる生徒への教育的支援に関する章も設けています。

本書を積極的に活用して、特別の支援を必要とする子どもたちについての学びを深めていってもらえるよう願っています。

2020年2月

執筆者を代表して　大塚　玲

目次 | Contents

目次 | Contents

第1章

特別支援教育の理念と制度

1 特別支援教育とは

2007(平成19)年4月に、学校教育法の一部が改正・施行され、従来の**特殊教育**から**特別支援教育**へと移行しました。特別支援教育では障害のある幼児児童生徒に対し、幼稚園から高等学校までのすべての学校において、適切な指導と必要な支援を行うことになりました。また、それまでの特殊教育の対象であった障害だけでなく、発達障害(p. 68)のある幼児児童生徒も対象となりました。

(1) 障害のとらえ方

「障害」のとらえ方は、教育や福祉、医療などの専門分野で異なりますし、社会状況の変化や医療の進歩などによっても異なってきます。たとえば、医師から「胃腸障害ですね」と言われれば胃や腸の活動が悪いことを意味しますし、「摂食障害」や「性同一性障害」なども学校教育での障害とは異なります。

障害者に関する国の基本的な法律としては、**障害者基本法**があります。この法律の第2条第1号には、同法における「障害者」が次のように定義されています。

障害者基本法

....

第2条　この法律において、次の各号に掲げる用語の意義は、それぞれ当該各号に定めるところによる。

1　障害者　身体障害、知的障害、精神障害（発達障害を含む。）その他の心身の機能の障害（以下「障害」と総称する。）がある者であつて、障害及び社会的障壁により継続的に日常生活又は社会生活に相当な制限を受ける状態にあるものをいう。

2　社会的障壁　障害がある者にとつて日常生活又は社会生活を営む上で障壁となるような社会における事物、制度、慣行、観念その他一切のものをいう。

このように「障害」は身体障害などの機能障害の観点だけでとらえるのではなく、**機能障害**と**社会的障壁**のふたつの観点からとらえることが必要です。

また、同法の対象となる生徒のすべてが特別支援教育の対象となるわけではありません。身体障害などの機能障害があり、機能障害の状態などに応じて手厚い指導や支援を必要とする場合には対象として考えてよいということです。逆に、たとえば低視力であっても、眼鏡やコンタクトを使用すれば生活するうえでとくに支障がない場合は、対象としなくてもよいということです。

（2）特別支援教育の理念

文部科学省は特別支援教育の開始にあたって、2007（平成19）年4月に「特別支援教育の推進について（通知）」を発出し、特別支援教育についての基本的な考え方、留意事項などをまとめて示しました。その通知の最初に示されたのが「特別支援教育の理念」です。

> **特別支援教育の理念**
>
> 　特別支援教育は、障害のある幼児児童生徒の自立や社会参加に向けた主体的な取組を支援するという視点に立ち、幼児児童生徒一人一人の教育的ニーズを把握し、その持てる力を高め、生活や学習上の困難を改善又は克服するため、適切な指導及び必要な支援を行うものである。
>
> 　また、特別支援教育は、これまでの特殊教育の対象の障害だけでなく、知的な遅れのない発達障害も含めて、特別な支援を必要とする幼児児童生徒が在籍する全ての学校において実施されるものである。
>
> 　さらに、特別支援教育は、障害のある幼児児童生徒への教育にとどまらず、障害の有無やその他の個々の違いを認識しつつ様々な人々が生き生きと活躍できる共生社会の形成の基礎となるものであり、我が国の現在及び将来の社会にとって重要な意味を持っている。

「自立や社会参加に向けた主体的な取組を支援する」とは、ひとりで（独力だけで）生きていくということではなく、状況などにより必要な場合には周囲の人に支援や配慮を主体的に依頼したり、ツール（機器）などを活用したりして目的を達成する力の育成も含まれています。

教育では個々の生徒のもてる力を最大限まで高めることも大切ですが、障害のある生徒にとっては、それだけでは解決できないことがありますので、その

9

生徒の実態や状況などに応じた適切な指導と支援が必要になります。

　なお、特別支援教育への移行にあたっては、2006年12月に国連総会において採択された「障害者の権利に関する条約」で求められている共生社会の形成をめざすことや、インクルーシブ教育システムの構築を視野に入れて検討が進められました。そのため特別支援教育の理念のなかには「特別支援教育は、（中略）共生社会の形成の基礎となるもの」であること、すなわち共生社会の形成をめざして特別支援教育を推進していくことが示されています。

（3）学校教育法の改正

　特別支援教育を本格的に実施するにあたり、**学校教育法**が2007（平成19）年に下記のように改正されました。

①「第8章　特別支援教育」と明記。

②従来の盲・聾・養護学校を特別支援学校に一本化（複数障害種に対応可）。

③特別支援学校の目的は、小・中学校等に準ずる教育を施すとともに、「障害による学習上又は生活上の困難を克服し自立を図るために必要な知識技能を授ける」ものとする。【第72条】※「　」部を改正

④特別支援学校は視覚障害者、聴覚障害者、知的障害者、肢体不自由者、病弱者（身体虚弱者を含む）に対する教育のうち当該学校が行うものを明らかにする。

⑤特別支援学校は当該学校に在籍する子どもへの教育を行うほか、高等学校等の要請に応じて、教育上特別の支援を必要とする子どもに関する必要な助言・援助を行うように努める。　※高等学校などが相談などを依頼した場合は、助言・援助を適切に行う：特別支援学校のセンター的機能

⑥小・中学校等の従来の特殊学級の名称を「特別支援学級」に変更する。

⑦幼稚園、小・中・高等学校等においては、教育上特別の支援を必要とする子どもに対し、「障害による学習上又は生活上の困難を克服するための教育を行う。」【第81条】

　②と⑥は法令上の名称変更です。各自治体では学校名や学級名などについては従来の名称を使用することができますので、以前から使用されてきた「○○養護学校」や「○○盲学校」「○○聾学校」などの名称を使っている学校もあ

ります。

　また、校名には高等学校や小学校といった、ほかの学校種の名称を使用することはできませんが、それ以外の名称を使用することはできますので、「○○支援学校」や「○○高等支援学校」「○○高等特別支援学校」「○○学園」などの名称に変更した学校もあります。

　③と⑦は、特別支援学校では、学習上または生活上の「困難」を改善・克服するための教育を行うのであって、障害の状態の改善だけをめざしているのではないことを明らかにしています。これは、当該生徒だけに努力や機能改善を求めるのではなく、周囲の生徒や教職員の理解や配慮、適切なツール（車椅子やデジタル教科書など）の活用、定期考査での個別の配慮や障害特性などを踏まえた評価なども含めて、現在の「困難」を改善・克服できるようにしていくことを明確化したものです。

　また⑦は、法改正により新たに設けられた規定です（同法第81条第1項）。本規定により幼稚園から高等学校までのすべての学校において特別支援教育を実施していくことになりました。改正以前にも障害のある生徒が高等学校などに在籍していましたが、本規定が設けられたことにより、発達障害などの特別な教育的支援を必要とする生徒への教育も、高等学校などにおいて行われていくことが明記されました。

2 特別支援教育の仕組み

　これまで述べてきたように、特別支援教育は特別支援学校だけでなく、幼稚園から高等学校までのすべての学校で行われるものです。とくに小・中学校段階の児童生徒については、小・中学校などの通常の学級、通級による指導、特別支援学級及び特別支援学校という多様な学びの場で行われています。

　それぞれの対象となる障害については法令や通知などで示されており、整理すると図1-1のようになります。

　なお、特別支援学級、通級による指導、特別支援学校の対象となる児童生徒の障害の種類や障害の状態、必要とする指導、留意すべき事項などについては、「教育支援資料」（文部科学省, 2013）に詳しく書かれていますので、参考にしてください。

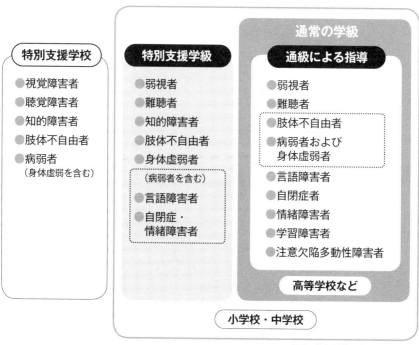

出典：法令や通知にもとづき筆者作成

【図1-1】特別支援教育の全体像

（1）特別支援学級

　特別支援学級は障害の状態などに応じた指導を行うために設置できる学級で、小・中学校などの校内に教室が設けられています（一部、施設内や病院内にもあります）。もう少し正確に言うならば、「学校教育法第81条第2項各号に該当する児童生徒（知的障害者、肢体不自由者、身体虚弱者、弱視者、難聴者、その他障害のある者で、特別支援学級において教育を行うことが適当なもの）で編制されている学級」（文部科学省, 2018a）のことです。

　2018（平成30）年度の学校基本調査（文部科学省, 2018a）によれば、全国の80.7%の小・中学校などに特別支援学級が設置されています（小学校82.4%・中学校77.2%・義務教育学校89.0%）。

　特別支援学級は7つの障害を対象として設置できることになっています。図1-1の破線内の障害は、法令などでは「その他」の障害として示されているもので、文部科学省が2013（平成25）年に発出した通知（第756号通知）では障害名が示されています。

近年は、この通知で示されている自閉症・情緒障害特別支援学級に在籍する児童生徒が増えていて、知的障害特別支援学級の児童生徒とほぼ同じ人数になっています。時折、「法令上にない学級」だと勘違いする人がいますので、破線の枠内にまとめました。

（2）通級による指導

通級による指導は、小・中学校などの通常の学級に在籍している障害の程度が比較的軽い児童生徒に対して、ほとんどの授業を通常の学級で受けながら、障害の状態に応じた特別な指導を一定時間（多くが週1～2単位時間）だけ特別な場（**通級指導教室**）で受ける教育形態です（大塚, 2019）。

通級による指導は、障害による学習上または生活上の困難を改善・克服することを目的とする指導（主として特別支援学校の学習指導要領における自立活動に相当する指導）です。とくに必要があるときは、自立活動に相当する指導に加えて、障害の状態に応じて各教科の内容を取り扱いながら行うこともできますが、補充指導の実施だけを目的とするものではありません。

対象となるのは言語障害や自閉症、情緒障害、弱視、難聴、学習障害、注意欠陥多動性障害、肢体不自由、病弱・身体虚弱の9つの障害です（知的障害は、本書発行時には対象に含まれていません）。

通級による指導の実施形態としては、対象となる児童生徒が在籍する学校の通級指導教室で指導を受ける自校通級、在籍校に通級指導教室がないため、ほかの学校に通級する他校通級、専門的知識を有する教員が通級対象の児童生徒の在籍校を巡回して行う巡回指導といった形態があります。

2018（平成30）年から高等学校でも、通級による指導を実施できることになりました（詳しくは次節）。

（3）特別支援学校

特別支援学校は比較的障害の重い幼児児童生徒を対象とした学校です。学校教育法では特別支援学校は視覚障害、聴覚障害、知的障害、肢体不自由、病弱（身体虚弱を含む）の5つの障害を対象として都道府県に設置することを義務づけています。

特別支援学校には、小学校に相当する**小学部**、中学校に相当する**中学部**が設けられています。また、幼稚園に相当する**幼稚部**や高等学校に相当する**高等部**

が設置されている場合もあります。

3 高等学校における特別支援教育

（1）ニーズに応じた学びの場

　高等学校段階の学校教育は、小・中学校段階と異なり、個々の生徒のニーズや進路希望などに応じて図1‑2のような多様な学びの場が整備されています。それぞれの学びの場を希望する生徒は、各学校で行われる入学者選抜（入試）などを経て入学が許可されます。これらの学校では高等学校学習指導要領を踏まえて、生徒の実態やニーズ、地域の実情などに応じた教育課程が編成されています。

　しかし近年は、生徒の実態や家庭環境などの多様化・複雑化に伴い、従来の一斉指導だけでは対応が困難なケースも見受けられるようになってきました。

　そこで、コース制などを設けて生徒の希望を尊重した科目選択ができるようにする、少人数学習やTT（ティームティーチング）、課題別の集団での学習、習熟度別の集団での学習ができるようにするなどの個に応じた指導の充実が図られてきました。さらに、放課後などを活用した個別指導を行うなどして多様なニーズに対応してきました。

　とくに近年は障害がある生徒や保護者から、合理的配慮（p.18）として障害特性を踏まえた手厚い指導と支援を求められることがあります。

（2）高等学校における特別支援教育の推進

　文部科学省は特別支援教育をいっそう推進するために、「特別支援教育の推進に関する調査研究協力者会議」を設置し審議を重ねました。とくに高等学校については高等学校ワーキング・グループを設置し、その審議の結果を2009（平成21）年に「高等学校における特別支援教育の推進について」として取りまとめています。

　そのなかで、①高等学校における特別支援教育の必要性、②高等学校における特別支援教育体制の充実強化、③発達障害のある生徒への指導・支援の充実、④高等学校入試における配慮や支援等、⑤キャリア教育、就労支援等について提言しています。

　その後、障害者差別解消法による合理的配慮の提供の義務化、高等学校での

通級による指導の開始、新しい学習指導要領や同解説では障害のある生徒の理解推進や指導上の工夫例などが示されるようになりました。このような動きのなか、高等学校でも徐々に特別支援教育に関する理解が広がってきています。

（3）高等学校での通級による指導

高等学校には、たとえば身体障害者手帳あるいは精神障害者保健福祉手帳の交付を受けている生徒がいます。また、教科・科目の修得が可能な知的障害の程度が比較的中軽度な生徒、発達障害のある生徒や難病などの生徒もいます。これらの生徒が障害の状態などに応じた指導や支援を必要とする場合、合理的配慮の提供を求めている場合には、積極的に対応していく必要があります。また、2018（平成30）年から高等学校でも、通級による指導を実施できることになり、支援の選択肢が増えました。

通級による指導は、高等学校に在籍している生徒に対して、各教科などの指導は学級で行いつつ、障害に応じた特別の指導を週1〜8単位時間程度行う指導形態です。高等学校における通級による指導の基本的な枠組みや対象となる障害は、小・中学校などと同じです。ただし、高等学校の通級による指導では、障害に応じた特別な指導は年間7単位を超えない範囲で行うことなど、留意すべきことがあります。

単位認定については、高等学校で作成された「個別の指導計画」に従って、当該生徒が通級による指導を履修し、その成果が個別に設定された目標から見て満足できると認められる場合に、校長が当該高等学校の単位の修得を認定します。

高等学校

【図1-2】高等学校段階の学び場　　　出典：関係法令や規程にもとづき筆者作成

4 自立活動の教育課程上の位置づけと内容

　自立活動は高等学校学習指導要領には記載されていませんが、通級による指導では主として自立活動を行うことになりますので、簡単に説明します。

　自立活動は、特別支援学校の学習指導要領で示されている個々の生徒の障害による学習上または生活上の困難を改善・克服するための指導領域です。

　障害の種類や障害の状態や環境などは一人一人異なりますので、生徒の実態を的確に把握したうえで個々の生徒に必要な具体的な指導内容を設定していく必要があります。その際に自立活動の内容として表1−1のように6区分27

【表1−1】自立活動の内容（6区分27項目）

1　健康の保持	（1）生活のリズムや生活習慣の形成に関すること。 （2）病気の状態の理解と生活管理に関すること。 （3）身体各部の状態の理解と養護に関すること。 （4）障害の特性の理解と生活環境の調整に関すること。 （5）健康状態の維持・改善に関すること。
2　心理的な 　　安定	（1）情緒の安定に関すること。 （2）状況の理解と変化への対応に関すること。 （3）障害による学習上又は生活上の困難を改善・克服する意欲に関すること。
3　人間関係の 　　形成	（1）他者とのかかわりの基礎に関すること。 （2）他者の意図や感情の理解に関すること。 （3）自己の理解と行動の調整に関すること。 （4）集団への参加の基礎に関すること。
4　環境の把握	（1）保有する感覚の活用に関すること。 （2）感覚や認知の特性についての理解と対応に関すること。 （3）感覚の補助及び代行手段の活用に関すること。 （4）感覚を総合的に活用した周囲の状況についての把握と状況に応じた行動に関すること。 （5）認知や行動の手掛かりとなる概念の形成に関すること。
5　身体の動き	（1）姿勢と運動・動作の基本的技能に関すること。 （2）姿勢保持と運動・動作の補助的手段の活用に関すること。 （3）日常生活に必要な基本動作に関すること。 （4）身体の移動能力に関すること。 （5）作業に必要な動作と円滑な遂行に関すること。
6　コミュニケー 　　ション	（1）コミュニケーションの基礎的能力に関すること。 （2）言語の受容と表出に関すること。 （3）言語の形成と活用に関すること。 （4）コミュニケーション手段の選択と活用に関すること。 （5）状況に応じたコミュニケーションに関すること。

出典：特別支援学校高等部学習指導要領「第6章　自立活動」より作成

項目が示されていますので、そのなかから必要とする項目を複数選択し、それを相互に関連づけながら具体的な指導内容を設定していくことになります。

　たとえば、自閉症の生徒や注意欠陥多動性障害のある生徒の場合、対人関係が苦手だとか集団での活動に一緒に取り組むことができないなどの困難があります。また、自分の得手不得手や自信のあることなどを客観的に認識できていなかったり、失敗が続き自己肯定感が低下していたりすることがあります。

　そのため、それぞれの生徒の苦手なところやできないところだけに焦点を当てて指導するのではなく、たとえば視覚的なイメージを想起できるような手段（シンボルや絵カード、文字カードなど）を併用しながらルールなどを伝えるとともに、自分の得意なことを積極的に伸ばす（たとえば歴史に興味があるなら歴史について自信をもてるように取り組む）、成功体験を増やすことにより自信をもって授業での取り組みに参加できるようにするなど、個別指導や小集団での指導などの指導形態を工夫します。

　このように、生徒の一面だけをとらえて自立活動の指導を行うのではなく、関連する内容を取り入れながら、全般的な心身の育成（調和的な発達）を図ります。さらに詳しく知りたい場合は、『特別支援学校学習指導要領解説（自立活動編）』（文部科学省, 2018b）にさまざまな事例が示されていますので参考にしてください。

5　インクルーシブ教育システム

（1）障害者の権利に関する条約とインクルーシブ教育システム

　障害者の権利に関する条約（障害者権利条約）第24条では「障害者を包容するあらゆる段階の教育制度及び生涯学習を確保する」ことを求めています。外務省の訳では "inclusive education system" を「包容する教育制度」と訳していますが、文部科学省などでは「インクルーシブ教育システム」を用いていますので、ここではインクルーシブ教育システムで統一することにします。

　インクルーシブ教育システムとは、簡潔に述べると「障害の有無や障害の状態にかかわらず、障害のある子どもと障害のない子どもとが、可能なかぎり一緒に学ぶ仕組み」のことです。

　2012（平成24）年7月に文部科学省に提出された「共生社会の形成に向けたインクルーシブ教育システム構築のための特別支援教育の推進（報告）」で

は、インクルーシブ教育システムとは「障害のある者と障害のない者が共に学ぶ仕組み」のことであるとしており、「障害のある者が教育制度一般から排除されないこと」「地域において初等中等教育の機会が与えられること」「個人に必要な「合理的配慮」が提供される」ことなどを求めています。

　また、国や自治体などには「教育的ニーズに最も的確に応える指導を提供できる、多様で柔軟な仕組み」、つまり先に示した高等学校や小・中学校などにおける通常の学級、通級による指導、小・中学校などにおける特別支援学級、特別支援学校といった、「連続性のある「多様な学びの場」」を整備しておくことを求めています。

（2）合理的配慮

　障害者権利条約では、教育における「合理的配慮の提供」を求めています。**合理的配慮**とは「個別に必要とされる、理にかなった変更・調整」といえます。理にかなったとは「過度の負担ではない・公平性がある」という意味です。

　たとえば、文字の認識が難しい生徒に読みやすいフォントに変換してプリントなどを配布する、上肢の運動障害のため筆記が難しい生徒にパソコンでの回答を認めるなどが考えられます。合理的配慮の内容は一人一人異なりますので、その都度検討する必要がありますが、国立特別支援教育総合研究所のサイト「インクルDB」（インクルーシブ教育システム構築支援データベース）で実践事例などが公開されていますので参考にしてください。

　2016（平成28）年4月に**障害を理由とする差別の解消の推進に関する法律（障害者差別解消法）**が施行され、国公立学校や国、自治体などについては合理的配慮の提供が義務づけられました。今後、施設設備などに関するバリアフリー化やユニバーサルデザイン化が進むとともに、指導内容や指導方法の工夫・改善などにより多くの生徒にとってわかりやすい指導が展開されると思いますが、その際に個々の生徒の実態などに応じた合理的配慮の提供についても心がけてください。

　また、合理的配慮と自立活動との関係については、『特別支援学校教育要領・学習指導要領解説（自立活動編）』（文部科学省, 2018b）では次のように述べられています。

　小さい文字が見えにくい弱視の児童が、ほかの児童と平等に授業を受けられるよう、教師が拡大したプリントを用意することは、この児童に対する合理的配慮であると言える。一方、この児童がプリントの文字が見えにくいという学習上の困難を主体的に改善・克服できるよう、弱視レンズなどを活用するために、知識、技能、態度及び習慣を養うことを目的に指導するのが自立活動である。両者は、きめ細かな実態把握が必要であること、個に応じたものなど共通点もあるが、その目的は異なっていることに留意が必要である。

(p. 17)

　このように、両者は似通った点もあるためわかりにくいかもしれませんが、目的の異なるものだと理解しておいてください。

【引用・参考文献】
中央教育審議会初等中等教育分科会「共生社会の形成に向けたインクルーシブ教育システム構築のための特別支援教育の推進（報告）」文部科学省、2012 年
文部科学省「平成 29 年度特別支援教育体制整備状況調査結果」2018 年
文部科学省「教育支援資料～障害のある子供の就学手続と早期からの一貫した支援の充実～」2013 年
文部科学省「Ⅱ 調査結果の概要」『学校基本調査―平成 30 年度結果の概要―』2018 年 a
文部科学省『特別支援学校教育要領・学習指導要領解説　自立活動編（幼稚部・小学部・中学部）』2018 年 b
文部科学省「特別支援教育の推進について（通知）」2007 年
21 世紀の特殊教育の在り方に関する調査研究協力者会議「今後の特別支援教育の在り方について（最終報告）」文部科学省、2003 年
大塚玲編著『インクルーシブ教育時代の教員をめざすための特別支援教育入門（第 2 版）』萌文書林、2019 年、p. 14
特別支援教育の推進に関する調査研究協力者会議「特別支援教育の推進に関する調査研究協力者会議審議経過（報告）」文部科学省、2010 年
特別支援教育の推進に関する調査研究協力者会議高等学校ワーキング・グループ「高等学校 WG 報告（概要）」『高等学校における特別支援教育の推進について～高等学校ワーキング・グループ報告～』文部科学省、2009 年

ウェブサイトの活用案内

◆インクル DB（インクルーシブ教育システム構築支援データベース）
http://inclusive.nise.go.jp/
　文部科学省のモデル事業で取り組まれた実践事例が掲載された「「合理的配慮」実践事例データベース」や、インクルーシブ教育システム構築に関連する法令・施策や関連用語の解説、保護者向けの Q&A などの情報が掲載された「関連情報」などのコーナーがある。

第 2 章

高等学校における特別支援教育の仕組み

1 高等学校において特別な教育的支援を必要とする生徒

　2012（平成24）年に文部科学省が実施した全国調査では、**公立小・中学校の通常の学級に在籍している児童生徒のうち、6.5％が学習障害（LD）・注意欠陥多動性障害（ADHD）・高機能自閉症の可能性**があり、学習や行動の面で特別な教育的支援を必要としているという結果が示されました（文部科学省, 2012）。30人のクラスであれば、発達障害が疑われる児童生徒が2人、在籍していることになります。

　では、高等学校ではどうでしょうか。中学校卒業生の98％以上が高等学校に進学している現状や、特別支援学級卒業生の約4割が特別支援学校高等部ではなく、高等学校に進学している現状（文部科学省, 2018a）から、相当数の発達障害など困難のある生徒が高等学校で学んでいることが予想されます。

　現在、高等学校において発達障害のある生徒の在籍状況を示す全国的なデータはありませんが、文部科学省が2009（平成21）年に発達障害など困難のある生徒の中学校卒業後の進路を調べたデータから高等学校の在籍状況を推定した調査結果があります。

　この調査は中学校3年生を対象として、発達障害など困難のある生徒の卒業後の進路を分析・推計したものです。それによると、調査対象の中学校3年生全体のうち、発達障害など困難のあるとされた生徒の割合は約2.9％であり、そのうち約75.7％が高等学校に進学することが判明しました（文部科学省, 2009）。この結果から、高等学校進学者全体に対する発達障害など困難のある生徒の割合は約2.2％と推計されました。

　また、この調査では、高等学校の課程別・学科別の割合も示されています。全日制課程に比べ通信制課程と定時制課程は、発達障害など困難のある生徒の進学する割合が相対的に高いことがわかります（表2-1）。

　もちろん、高等学校には発達障害だけでなく、視覚障害や聴覚障害、肢体不

自由など、さまざまな障害のある生徒が在籍しています。そうした特別な支援を必要とするすべての生徒に対して、適切な支援や配慮が望まれます。

【表2-1】高等学校進学者中の発達障害など困難のある生徒の割合

課程別		学科別	
全日制	1.8 %	普通科	2.0 %
定時制	14.1 %	専門学科	2.6 %
通信制	15.7 %	総合学科	3.6 %

出典：文部科学省 2009

2 　特別支援教育を支える仕組み

　2007（平成19）年に施行された学校教育法の一部改正により、高等学校においても教育上特別の支援を必要とする生徒に対して、学習上または生活上の困難を克服するために教育的な支援を行うことになりました。とはいえ、それまで高等学校は、特殊学級（現在の特別支援学級）や通級指導教室が設置されていなかったこともあり、障害のある生徒に対する教職員の経験などの蓄積がほとんどないなかで特別支援教育に取り組むことになりました。

　高等学校は義務教育ではなく、教職員には「生徒は受験して入ってきた」という意識があるため、特別な支援を必要とする生徒に対して、「特別扱いではないのか」「支援が必要な生徒と、ただなまけているだけの生徒をどう見分ければいいのか」という声もよく聞かれました。このような教職員の意識が、高等学校における特別支援教育の展開を難しくした面もありました。

　一方で、長期欠席や問題行動のある生徒には教育相談や生徒指導の側面から、学業不振の生徒には授業改善の側面から、これまでさまざまな教育的ニーズのある生徒に対する指導や支援を、全校的な体制で組織的に取り組んできた高等学校は少なくありません。そうした取り組みのなかで、背景に発達障害のある生徒などへの指導や支援も行われてきました。このような学校は、定時制や通信制の高等学校だけでなく、全日制の普通科でも数多くみられます。

　他方、いわゆる進学校に多いのですが、「特別な支援を必要とする生徒はいない」という高等学校もあります。学力の高い自閉症の生徒の場合、まわりの生徒がうまく距離をとって接することで、問題となるような行動が目立つこともなく、担任は「ちょっと変わった生徒」とか「個性的な生徒」ととらえ、支

援が必要な生徒とはみなされないことがよくあります。

　このように特別な支援の必要な生徒が置かれた状況は、高等学校によって大きく異なります。特別支援教育の一般的な枠組みは共通していても、その在り様は学校ごとにさまざまなのです。

　そこで以下では、まず校内委員会の設置、特別支援教育コーディネーターの指名、個別の教育支援計画・個別の指導計画の作成など、校内支援体制を支える一般的な仕組みについて説明します。

（1）校内委員会の設置

　校内委員会とは、全校的な支援体制を確立し、特別な支援の必要な生徒の実態把握や支援方策の検討などを行うため、学校内の教職員で組織される特別支援教育に関する委員会です。校内委員会は、新たな校内組織として設置した学校もありますし、生徒指導や教育相談などの既存の委員会に校内委員会の機能を加えて設置している学校もあります。

　校内委員会の構成員も、学校の規模や実情によってさまざまですが、一般的には管理職、特別支援教育コーディネーター、教務主任、生徒指導主任、教育相談室長、養護教諭、各学年主任、該当担任などで構成されます。

　校内委員会の役割には以下のようなものがあります。

- 学校の特別支援教育についての方針や校内の支援体制を検討する。
- 特別な教育的支援が必要な生徒を把握し、情報を共有する。
- 個別の教育支援計画や個別の指導計画の対象とする生徒を検討し、担任などに作成を依頼し、次年度に引き継ぐ。
- 支援が必要な生徒に対する具体的な支援策について検討する。
- 教職員の特別支援教育への理解を深めるため校内研修を推進する。
- 専門家チームや巡回相談、その他の専門機関への支援要請などを検討する。
- 全保護者に特別支援教育に対する理解啓発を図る。

（2）特別支援教育コーディネーターの指名

　特別支援教育コーディネーター（以下、コーディネーター）とは、生徒の支援について校内の関係者や外部の関係機関と連絡調整をしたり、具体的な支援策を検討したりするために関係する教職員らを招集してケース会議を開催するなど、校内の特別支援教育推進のための中心的な役割を担う教員です。

コーディネーターの役割には以下のようなものがあります。

① **校内における役割**

- 特別な教育的支援を必要とする生徒の把握と情報収集
- 支援の対象となる生徒の担任への相談・支援
- 養護教諭、スクールカウンセラー、スクールソーシャルワーカーなど校内外の関係者との連絡調整
- 支援内容を検討するためのケース会議の開催
- 個別の教育支援計画・個別の指導計画作成にあたって担任への助言・援助
- 校内委員会開催の準備や運営
- 教職員への情報提供
- 特別支援教育に関する校内研修会の企画・運営

② **外部の関係機関との連絡調整などの役割**

- 巡回相談や専門家チーム、特別支援学校のセンター的機能を活用するための連絡調整
- 医療、保健、福祉、労働などの関係機関からの情報収集や連絡調整

③ **保護者に対する相談窓口**

　このような役割を果たすため、コーディネーターには校内の教職員や外部の関係機関と連携できる力量やネットワークをもっていることが望まれます。そのことを踏まえて、校長が学校の実情に応じて校内の教員のなかから適任者を指名します。外部との連携や校内全体の支援をまとめるコーディネーターと各学年の情報収集や学年への情報提供を行う学年コーディネーターなど、複数のコーディネーターを指名して役割を分担している学校もあります。

　小・中学校では、コーディネーターの約半数が特別支援学級担任で、次に多いのが通常の学級担任です。それに対して高等学校では、通常の学級副担任、通常の学級担任、養護教諭の順となっています（文部科学省, 2018b）。

（3）専門家チームや巡回相談の活用

　専門家チームは、教育委員会や特別支援教育センターなどに設置される組織で、学校の要請などに応じて生徒の障害による困難に関する判断、望ましい教育的対応について専門的意見を示すことを目的としています。構成メンバーに定めはありませんが、一般的には教育委員会関係者、特別支援学級担任や通級

による指導を担当する教員（通級指導教室担当教員）、特別支援学校教員、心理学の専門家、医師などから構成されています。

巡回相談は、発達障害などについての専門的な知識や経験をもつ巡回相談員が要請に応じて学校を訪問し、生徒の実態把握や評価、支援内容・方法、個別の教育支援計画の作成、校内の支援体制づくり、関連機関との連携などについて、教員に助言を行うものです。

巡回相談の実施形態は自治体によって異なりますが、大きく3つのパターンに分けられます。教育や心理などの専門家が巡回相談員として学校を訪問する形態、特別支援学校のセンター的機能を活用して行う形態、そして通級指導教室担当教員が巡回相談を行う形態です。

専門家チームと巡回相談員は連携をとりながら活動しています。たとえば、巡回によって把握した生徒や学校での指導の実態などの情報をもとに、専門家チームと巡回相談員が合同でケース検討を行うこともあります。また、専門家チームから判断・助言が提示された場合、その内容を授業や学校生活に生かしていくために、巡回相談員が教員に対して説明や助言をすることもあります（文部科学省, 2017）。

ただし、2017（平成29）年度には、小・中学校の専門家チームの活用が59.4%、巡回相談が79.7%であったのに対して、高等学校における専門家チームの活用は31.6%、巡回相談は42.4%であり（文部科学省, 2018b）、これらの活用度の低さがうかがえます。

（4）特別支援教育支援員の配置

特別支援教育支援員とは、幼稚園、小・中学校、高等学校において障害のある児童生徒に対して、担任などと連携のうえ、食事・排泄・教室の移動補助など日常生活動作の介助をしたり、発達障害の児童生徒に対して学習活動上の支援をしたりする非常勤の職員です。

ほとんどの自治体では、市町村教育委員会が窓口となり、募集を行っています（道城ほか, 2013）。採用条件として教員免許状の保有を問わない自治体が多く、支援の専門性を高めるため、多くの自治体が特別支援教育支援員を対象とした研修を行っています。

特別支援教育支援員は、次のような役割が期待されています（文部科学省, 2017）。

①基本的な生活習慣の確立のための日常生活上の支援

②発達障害を含む障害のある児童等に対する学習支援

③学習活動、教室間移動等における支援

④児童等の健康・安全確保

⑤運動会（体育大会）、学習発表会、校外学習等の学校行事における支援

⑥周囲の児童等の障害や困難に対する理解の促進

2007（平成19）年度より、公立小・中学校に在籍する障害のある児童生徒を支援する特別支援教育支援員の配置に係る経費が各市町村に対して地方財政措置されました。2011（平成23）年度からは公立高等学校もその対象となっています。ただし、この経費での配置は、2019（平成31）年度に小・中学校では全国で56,600人であったのに対し、高等学校ではわずか600人でした（文部科学省, 2019a）。

3　個別の教育支援計画・個別の指導計画

（1）個別の教育支援計画の作成と活用

個別の教育支援計画とは、家庭や医療・保健・福祉・労働などの地域の関係機関との連携などを視野に入れながら、長期的な視点に立って、適切で一貫した教育的支援を行うことを目的として作成される計画です。記載される内容は、生徒の特別な教育的ニーズ、支援の目標・内容・評価・改善点、地域・福祉・医療などの支援機関の情報、本人・保護者の願い、引き継ぎ事項などです。

個別の教育支援計画作成の進め方の一般的な例を図2-1に示します。個別の教育支援計画は担任が中心となり、コーディネーターの協力のもと作成します。また、作成に当たっては、保護者の参画が求められており、学校側と本人・保護者側の教育的ニーズを整理しながら作成することが必要です（文部科学省, 2017）。

本人・保護者から合理的配慮の申し出があった場合は、学校側と本人・保護者が合理的配慮の具体的内容について十分に話し合い、合意された内容を個別の教育支援計画に明記します。

個別の教育支援計画は支援のためのツールです。作成すること自体が目的ではありません。計画にもとづいて支援を実施し、定期的に評価と見直しを図り、

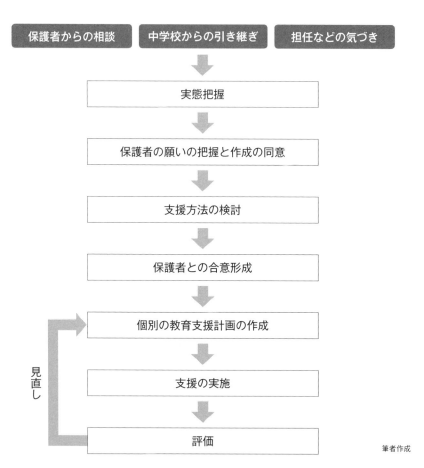

| 保護者からの相談 | 中学校からの引き継ぎ | 担任などの気づき |

実態把握

保護者の願いの把握と作成の同意

支援方法の検討

保護者との合意形成

個別の教育支援計画の作成

支援の実施

評価

見直し

筆者作成

【図2-1】 個別の教育支援計画作成の流れ

必要に応じて加筆・修正を行います。

　卒業したり転校したりする場合は、本人・保護者の同意を得たうえで、個別の教育支援計画などを活用して、就職・進学・転校先に必要な支援などの情報を伝えることが大切です。

　なお、2018（平成30）年8月27日に公布された学校教育法施行規則の一部を改正する省令の施行により、特別支援学校の幼児児童生徒、小・中学校の特別支援学級や通級による指導を受けている児童生徒と同様に、高等学校において通級による指導を受けている生徒も、個別の教育支援計画の作成と活用が義

務づけられました。

（2）個別の指導計画の作成と活用

個別の指導計画は、個別の教育支援計画に記載された生徒の教育的ニーズや支援内容などを踏まえ、きめ細かな指導を行うために、各教科などの具体的な指導目標と手立て、指導の評価を記載するものです。

作成は、学級担任が中心となり、コーディネーターや各教科の担任など生徒にかかわる教員が協力します。

また、通級による指導を受けている場合は、その生徒の個別の指導計画に、通級による指導における指導内容なども加えて、通級による指導における効果が通常の学級においても波及することをめざします。

2018（平成30）年3月に公示された高等学校学習指導要領では、各教科などの指導において、「障害のある生徒などについては、学習活動を行う場合に生じる困難さに応じた指導内容や指導方法の工夫を計画的、組織的に行うこと」と規定されました。

このことを踏まえ、特別な教育的支援を必要とする生徒に対しては、各教科の学習活動を行う場合に生じるその生徒の困難さに留意し、それに応じた指導内容や指導方法の工夫を個別の指導計画に記載することが大切になります。たとえば、『高等学校学習指導要領解説　国語編』（文部科学省, 2019b）では、国語科における配慮として次のような例が示されています。

声を出して発表することに困難がある場合や人前で話すことへの不安を抱いている場合には、紙やホワイトボードに書いたものを提示したりICT機器を活用したりして発表するなど、多様な表現方法が選択できるように工夫し、自分の考えを表すことに対する自信がもてるような配慮をする。　　　　　　　　　　　　　　　（p. 278）

このように生徒が教科の学習に困難を示す場合は、困難の状態、それに対する指導上の工夫の意図、そして手立てを個別の指導計画に記載することが望まれます。

個別の教育支援計画と同じく、個別の指導計画も計画にもとづいて支援を実施、定期的に評価と見直しを図り、必要に応じて加筆・修正を行い、翌年度の担任などに引き継ぐことが大切です。

4 校内支援体制の実際

以下では、ある全日制普通科の高等学校（A高校）を例にあげて、特別な教育的支援を必要とする生徒に対してどのように支援が進められていくのか見てみます。

A高校では、生徒本人や保護者のニーズを把握するため、入学者説明会で新入生全員を対象にアンケートを実施しています。

入学者選抜（入試）に当たって配慮申請の申し出があった生徒や、本人や保護者の同意を得て、合格発表後に中学校から個別の教育支援計画や個別の指導計画が引き継がれている生徒、入学前に保護者から直接相談があった生徒は、高等学校の生活にスムーズに移行できるように学校側で準備を整えることができます。

しかし、支援の必要性があるにもかかわらず、その情報が学校に伝えられていない生徒もいます。そうした生徒のためにも、アンケートが必要なのです。できるだけ早い段階で支援や配慮を必要とする生徒を把握し、そのうえで手厚い支援が必要だと思われる生徒や保護者については担任が面談を行い、支援内容などについて本人や保護者の意向を確認します。必要であれば、コーディネーターが同席し、合理的配慮の提供について検討して、個別の教育支援計画を作成します。

新学期がはじまってしばらくして、担任や教科担任、部活動の顧問など日ごろ生徒とかかわりのある教職員が生徒の抱える困難や悩みに気づくケースがあります。

まずは関係する教職員が実態を把握し、学年会議を中心に支援内容や方法を検討します。その情報はコーディネーターとも共有しておきます。なかには担任や養護教諭、スクールカウンセラーに悩みを聞いてもらい、授業などでちょっとした配慮をしてもらうことで、スムーズに学校生活を送ることができるようになる生徒もいます。

そうした支援や配慮だけでは効果が十分でないと判断された場合は、コーディネーターや養護教諭、場合によっては教育相談や生徒指導、進路指導などの担当教員、あるいはスクールカウンセラーを加えてケース会議を開き、チームとして取り組む体制を整えます。

同時にコーディネーターなどが同席して、担任が保護者と面談を行い、情報

交換をしたり、支援内容などについて同意を得るようにしたりします。そうした話し合いの内容を整理して個別の指導計画が作成されます。また、その情報は職員会議などで報告し、教職員全体で共有するようにします。

　さらに、専門機関との連携が必要になるケースもあります。コーディネーターが中心となり、発達障害者支援センターや特別支援学校による巡回相談など外部の関係機関に相談したりします。あるいは、本人や保護者の相談を受けて専門機関につないだり、医療機関の受診を勧めたりすることもあります。

【引用・参考文献】

道城裕貴・高橋靖子・村中智彦・加藤哲文「特別支援教育支援員の活用に関する全国実態調査」『LD研究』22（2）、2013年、pp. 197-204

文部科学省「2019年度文部科学省事業説明（発達障害支援及び関係機関の連携による支援体制の充実支援に係る事業について）」2019年a

文部科学省「発達障害を含む障害のある幼児児童生徒に対する教育支援体制整備ガイドライン～発達障害等の可能性の段階から、教育的ニーズに気付き、支え、つなぐために～」2017年、p. 21・23・51

文部科学省「平成29年度特別支援教育体制整備状況調査結果について」2018年b

文部科学省『高等学校学習指導要領（平成30年告示）解説　国語編』東洋館出版社、2019年b

文部科学省「特別支援教育資料（平成29年度）」2018年a

文部科学省「通常の学級に在籍する発達障害の可能性のある特別な教育的支援を必要とする児童生徒に関する調査結果について」2012年

文部科学省　特別支援教育の推進に関する調査研究協力者会議　高等学校ワーキング・グループ「高等学校における特別支援教育の推進について～高等学校ワーキング・グループ報告～」2009年、p. 3

ICF による障害のとらえ方

　障害とはどのような状態をいうのでしょうか。この問いに対する答えはかならずしもひとつではなく、時代とともにそのとらえ方は変化しています。

　世界保健機関（WHO）は 1980 年に国際障害分類（ICIDH）を発表しました。ICIDH は障害を機能・形態障害（Impairment）、能力障害（Disability）、社会的不利（Handicap）の 3 つの階層に分けてとらえています。

　機能・形態障害は、疾病などの結果もたらされた身体の機能損傷または機能不全で、医療の対象となるものです。能力障害は、機能・形態障害によってもたらされた日常生活や学習上の種々の困難で、教育によって改善・克服することが期待されるものです。社会的不利は、機能・形態障害や能力障害によって、一般の人々とのあいだに生ずる社会生活上の不利益で、福祉施策などによって補うことが期待されるものです（文部科学省, 2018）。

　たとえば、脳卒中の後遺症による右半身マヒは機能・形態障害といえます。右半身マヒのため、歩行や書字が困難になることは能力障害です。そして、歩行や書字が困難になることでそれまでの職を失ったり、さまざまな形での社会参加ができなくなったりすることは社会的不利といえます。

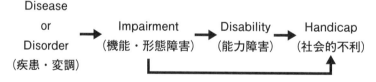

出典：上田 2002 を一部改変

【図1】ICIDH の障害構造モデル

　このモデルは障害の階層性を示した点で画期的なものでした。一方で、疾病などにもとづく状態のマイナス面のみを取り上げているという批判もありました。そこで、WHO は ICIDH の改訂作業を行い、障害のある人だけでなく、障害のない人も含めた人間の健康状態の分類法として、2001 年に**国際生活機**

能分類（ICF）を発表しました。

　ICFでは、人間の生活機能は「心身機能・身体構造」「活動」「参加」の３つの要素で構成されており、それらの生活機能に支障がある状態を障害ととらえています。また、生活機能と障害の状態は、健康状態や背景因子（環境因子と個人因子）と相互に影響し合うものと説明されています（文部科学省, 2018）。

　ICFの考え方は、心身の機能障害を重視する障害観（いわゆる医学モデル）と社会の制度や環境が障壁となって生じるとする障害観（いわゆる社会モデル）を統合したもので、2006年に国連総会で採択された障害者権利条約にも大きな影響を与えました。

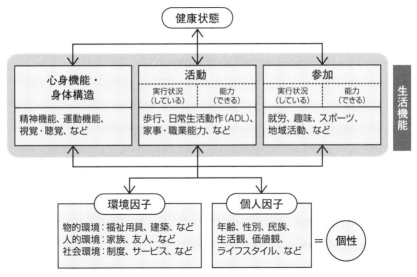

出典：厚生労働省大臣官房統計情報部 2007 を一部改変

【図2】ICFの構成要素間の交互作用

【引用・参考文献】

厚生労働省大臣官房統計情報部『生活機能分類の活用に向けて── ICF（国際生活機能分類）：活動と参加の基準（暫定案）──』厚生統計協会、2007年

文部科学省「特別支援学校教育要領・学習指導要領解説　自立活動編（幼稚部・小学部・中学部）」2018年

上田敏「新しい障害概念と21世紀のリハビリテーション医学── ICIDH から ICF へ」『リハビリテーション医学』39（3）、2002年、pp. 123-127

第 3 章

注意欠陥多動性障害のある
生徒の理解と支援

1 A君のケース

　A君は高校2年生の男子生徒です。サッカー部に所属していて、部活には精力的に取り組んでいます。友人関係も比較的良好で、性格的にはとても素直な生徒です。一方、学習面では、高校1年生の秋ごろから全体的に成績が落ちはじめ、最近では赤点の科目もいくつか出てきています。本人はあまり気にしていないようなのですが、保護者は無事3年生に進級できるか心配しています。

　A君は、朝のホームルームに遅刻することがたびたびあります。授業中は寝ていたり、私語をしている場合も多いですが、集中して話を聞いていることもあり、やる気のあるときとそうでないときの差が激しい生徒という印象です。

　また、英語の授業では自主学習の一環として、生徒自身でワークブックの予定を立てて、取り組ませています。1か月に1回、進捗状況を確認するために、ワークブックを提出させていました。ところが、A君は何度注意しても提出しません。ある日の授業の終わりに教員が話を聞いてみると、「やろうと思っていたけれど、先延ばしにしてしまって、結局できなかった」とのことでした。ワークブックは最初の数ページのみ取り組んだ様子があるものの、それ以降のページは、ほとんど手つかずの状態でした。

　次の定期試験のために、ワークブックの計画を立ててくるよう伝えると、A君は今までの学習状況から考えて、明らかに無理がある計画を立てています。もう少し自分のペースで進めていくよう勧めると、「一日集中してがんばれば大丈夫」と言います。意欲はあるようなのですが、見積もりが甘く、ほかの教科でも宿題などがあるなかで計画倒れになることは目に見えています。

　A君に、中学校ではどうやって宿題や試験勉強をしていたのか聞いてみると、宿題は出したことがほとんどなく、試験勉強も直前に一夜づけをすれば、授業を聞いていなくても良い点数をとれていたとのことでした。

　A君は大学への進学をめざしており、勉強に集中しなければならない気持ち

は強くあるものの、勉強しようとするとほかのことを考えてしまい、なかなか集中できないことや、気分転換にゲームをしようとすると、ゲームにすっかり熱中してしまい、結局勉強できないこともよくあると話してくれました。

2　注意欠陥多動性障害（ADHD）とは

（1）基本的な特徴

　注意欠陥多動性障害（**ADHD**：Attention-Deficit Hyperactivity Disorder）は、**不注意、多動、衝動性**の３つを主症状とする発達障害のひとつです。これらのうち、どの症状が主にみられるかは人によってさまざまです。ADHDの生徒が全員「多動」「衝動性」の特性をもつわけではなく、「不注意」の特性のみをもつ場合もあります。とくに高校生では、「多動」や「衝動性」よりも「不注意」症状による困りごとが多くみられるようになります。

　３つの主症状はいずれも、基本的には自分の力で注意力や感情をコントロールすることの難しさに起因して生じるものです。ADHDの生徒は、どのように行動すべきか十分に理解しているのにもかかわらず、そうすることが難しい状況にあります。

　一方で、行動や成果にムラがあり、いつもそのようにできないわけでもありません。たとえば、苦手な科目の授業には集中できなくても、好きな科目の授業では集中して話を聞いていることが多いこと、苦手な科目の授業であっても、新学期のはじめは比較的集中できていることなどが該当します。そのため、本当はできるのに、なまけているのではないかと誤解を受けやすく、過度に叱責されがちです。しかしながら、注意や叱責を繰り返しても、その状態が長期的にみて改善されることはほとんどありません。

　また、ADHDの本質的な特性は生涯を通じて大きく変わることはありませんが、ADHDの症状や本人が感じる困難さは、周囲からの理解や支援、本人の工夫によって軽減される場合があり、教育現場においては**環境調整**や本人への教育的支援が有用です。

（2）診断と有病率

　ADHDの診断は、主にアメリカ精神医学会による診断・統計マニュアル「DSM-5」あるいは世界保健機構による国際疾病分類「ICD-11」の診断基準

にもとづき、専門の小児科医あるいは精神科医によってなされます。

　DSM–5では、従来の診断基準に変更が加えられ、日本語の診断名も「注意欠陥多動性障害」から「注意欠如・多動症」に改定されました。また、2018年に改訂されたICD–11では、日本精神神経学会による障害名に関する日本語訳ドラフト版によると、「多動性障害」から「注意欠如多動症」への改定が提案されています（日本精神神経学会, 2018）。

　DSM–5にもとづく診断にあたっては、①家庭や学校など複数の場面で、12歳以前からADHDの特徴が継続して見られるか、②それによって日常生活上で著しい困難が生じているかがポイントとなります。

　また、診断においては、現在のADHDの状態像について、「不注意」「多動」「衝動性」の基本症状の組み合わせにより、①「不注意症状が主に見られる状態」、②「多動・衝動症状が主に見られる状態」、③「不注意症状と多動・衝動症状が混合して見られる状態」の3つに分けられます。

　「不注意」のみの特性をもつ場合には気づかれにくく、高校生になってはじめて診断を受けるケースもあります。加えて、自閉症（自閉スペクトラム症）や学習障害など、ほかの発達障害がある場合には、あわせて診断がなされます。

　ADHDの疫学調査では、ほとんどの文化圏で子どもでは約5％、成人では約2.5％にADHDがあることが報告されています。これは高校においても、クラスにひとりはADHDの生徒がいる前提で学級運営や授業を進めていくことの必要性を示すものと考えられます[*]。

（3）原因

　ADHDの生物学的な要因として、①特定の遺伝子との関連、②ドーパミンやノルアドレナリンなどの神経伝達物質の調整異常、③注意制御に関連する前頭葉―線条体、前頭葉―小脳の神経回路とともに情動的な意味づけを行う前頭葉―扁桃体の神経回路における機能低下や、安静時の脳内ネットワークであるデフォルトモードネットワークにおける機能低下が指摘されています（Nigg & Casey, 2005; 堀・尾﨑, 2018）。一方で、ADHDの原因は完全には解明されておらず、現在も研究が進められています。

[*]出典：日本精神神経学会（日本語版用語監修）、高橋三郎・大野裕（監訳）『DSM-5 精神疾患の診断・統計マニュアル』医学書院、2014年、p.60

3 特性とその理解

(1) 幼児期

　保育所や幼稚園などの集団生活のなかで、「じっとしていられない」といった落ち着きのなさや、「遊具の順番を守れない」「道路に飛び出してしまう」「友達を叩いてしまう」といった衝動性の高さに起因した行動がみられます。

　一方で、このような行動は定型発達の幼児にもよくみられるほか、この時期の落ち着きのなさは、自閉症や知的障害、養育環境などに起因するものもあり、ADHDかどうかの判断が難しい時期です。

　専門医によりADHDを含めた発達障害の可能性が指摘され、集団生活でのトラブルが多い場合や、保護者の困難度が強い場合には、地域の療育機関や医療機関において個別あるいは集団での療育や、ADHDのある子どもをもつ保護者を対象とした**ペアレント・トレーニング**が行われることがあります。

(2) 学童期

　小学校低学年では、「自分の席に座っていられない」「遊びのルールが守れない」「列に並べない」「カッとなりやすく、友達とのトラブルが多い」など、多動や衝動性による特徴が現れることが多くなり、教員からは目が離せない子どもといった印象をもたれることがあります。とくに学校生活における集団行動からの逸脱は、注意や叱責の対象になりがちです。

　また、ADHDのある子どもは授業中やテストのとき、ぶつぶつ言いながら問題を解く様子がみられます。このように言葉を声に出して自分をコントロールしようとする行動（外言）は、幼児や小学校1年生のクラスでは、ほかの子どもにもよくみられるものですが、脳の発達に伴って、言葉を声に出さなくても頭のなかだけで思考（内言）できるようになっていきます。

　しかし、ADHDのある子どもは、言葉を声に出して自分自身をコントロールしようとする期間がほかの子どもに比べて長く続きます。周囲が落ち着いて集団活動を送れるようになってくると、これらの特徴はとくに目立ち、誤解を受けやすいため、周囲の理解や配慮が必要です。

　小学校高学年以降は、目に見える多動の状態は少なくなり、ほかの子どもから落ち着いたと言われることも増えてきます。一方で、本人としては「頭のなかがざわざわする」といった目に見えにくい多動の状態に加え、「言わなくて

もいいことをつい言ってしまう」「キレやすい」といった衝動性に関連した対人トラブルが生じることがあります。

　また、この時期は「ぼーっとしていて話を聞いていないように見える」「忘れ物が多い」など、不注意の特性が表面化することが多く、ADHDのほかにも、自閉症や学習障害などの特性をあわせもつ場合には、そのような特性が目立つようになります。

（3）青年期

　上記に引き続き、不注意の特性が目立ちます。高校生活のなかでは、「提出物の期限を守れない」「勉強に取りかかるまでに時間がかかる」「机やロッカーの整頓が苦手」「ケアレスミスが多い」などの困りごとがよくみられます。とくに高等学校では、中学校に比べて学習面での自由度が高くなるうえに要求水準も高まるため、周囲の生徒との差が開きがちです。

　そのため、ADHDのある生徒自身もほかの生徒との差異に気づきはじめるものの、一般的な思春期特有の課題に加えて、自分自身に向き合うことの負担が大きく、十分にそれを受け止めきれないこともあります。そのなかで失敗経験が積み重なり、それに対する不適切な対応が続くことで、反抗や非行といった問題行動（外在化）、不安や抑うつといった精神症状（内在化）を**二次障害**として発症する場合もあります（齋藤, 2016）。思春期ではとくに、このような二次障害を生じさせないこと、二次障害を発症している場合には、それを進展させないことが本人の将来にとって重要です。

（4）成人期

　大学では、高校以上に学習の自由度が高く、かつ長期的に計画を立てながら自主的に課題を行っていくような学習が求められます。そのなかで、「やるべきことが複数あって、どれから手をつけたらいいかわからない」「すべてが中途半端になってしまう」といった困りごとが生じます。

　また、進学をきっかけに一人暮らしをはじめる場合は、学習面だけでなく、「家事にまで手が回らない」「金銭管理が苦手」などの理由から、家事代行サービスなどの生活面でのサポートも必要とする場合があります。

　さらに社会人になると、職場では「仕事に集中できない」「約束の時間に間に合わない」「時間の見積もりが甘い」「締め切りに間に合わない」「軽率な判

断をする」「会議で不必要な発言をしてしまう」などの困りごとがよくみられます。これとあわせて成果にムラが大きいことから、「なまけている」「やる気がない」と誤解され、周囲からの評価も次第に厳しくなって職場に居づらくなり、離職や転職を繰り返すこともあります。

4　教員としての支援や配慮

　支援するためには、ADHD の生徒がもつ難しさが、脳機能の特異性によって物事のとらえ方が独特なために生じるものであり、その困難を本人の克服すべきものや努力不足としてとらえない、といった基本的な理解が必要です（竹田, 2018）。また、ADHD のある生徒は、幼少期から失敗経験や叱責される経験を積み重ねており、自尊心が低下しているケースが多くみられます。

　そのため支援のなかでは、ADHD のある生徒の困難を環境調整によって低減させ、支援や自分なりの方法によってできたことを蓄積し、自信をつけていくことが大切です。また、高校は社会への窓口といった役割もあり、進路選択のための支援も求められます。ここでは、支援を3つに分けて紹介します。

（1）教室のなかでできる環境調整

ADHD の特性から見た環境調整としては以下のような例が考えられます。

①掲示物や窓など、気をそらせるものが最小限になっているか、反対に重要な情報が目立つように工夫されているか。

②座席が教員からの声かけや支援を受けやすい位置にあるか。高校生ではかならずしも前席とはかぎらず、後席のほうが周囲にわからないように本人が休憩をとったり、指示を受けることができる場合がある。

③指示は短く明確であるか。

④指示を聞き逃したり、授業中に注意がそれたりしても、それがリカバリーできるようになっているか。たとえば、重要な指示や現在説明している教科書のページなどの授業の進捗が黒板に書かれてあるか。

⑤長期的に取り組む課題に対しては、こまめに進捗状況が確認できるタイミングが設定されているか。

⑥できていることに対して、評価される機会があるか。

ADHD のある生徒に対して有効な環境調整は、教科担当間で情報共有し、すべての授業で一貫した対応をすべきです。

また、忘れ物の多さや提出物が出せないなど、苦手なところが目立ち、クラスメイトからの評価が低くなりがちです。そのため、クラスのなかでは教員がほかの生徒の前で、ADHD のある生徒を含め個々の生徒のよいところを積極的に評価する機会を設けるようにします。そうするとクラスメイトにも、「ADHD のある生徒はできないこともあるけれど、できていることやよいところもある」と気づいてもらうことができます。

このような教員による対応は、ADHD のある生徒の自己肯定感を向上させる手立てのひとつであるとともに、クラス全体の雰囲気や、周囲の生徒の当該生徒へのかかわり方にも影響するため、とくに重要です。

（2）ADHD のある生徒本人への教育的支援

本人への教育的支援にあたっては、個別の教育支援計画を立案します。そして、学習面や対人面での具体的な困りごとに対し、心理検査などのアセスメント（分析）結果にもとづいて、本人の認知特性や好みに合った効果的な支援を行います。

表 3 - 1 に ADHD のある生徒における学習面、対人面で起こりやすい困りごととそれに対する支援例を示しました。そのなかで、対人面での難しさが強くみられる場合には、状況に応じて、本人や保護者の同意のもと、クラスメイトに ADHD のある当該生徒の特性について説明したほうが周囲の理解が得やすい場合もあります。

また、教員による支援とともに、本人に合った対処法を教員が提案し、できた経験を積み重ねるなかで、ADHD のある生徒自身が、適切な支援があればできる、あるいは自分なりのやり方で取り組むと達成できる可能性が広がることを実感できると、自信をつけることにもつながります。その際に、どのような支援や対処法が自分にとって役立つかといった視点から、自身の得意や苦手を含めた自己理解を深めるような支援も有効です。

（3）進路支援

ADHD のある生徒は、目先のことに注意が向きがちで、十分に熟慮しないまま興味やその場の思いつきで重要なことを決めてしまったり、見通しのもち

【表3-1】 ADHDのある生徒の学習面・対人面における困りごととその支援

起こりやすい困りごと		支援例
学習面	複数の課題が出ているときに、優先順位や計画的に物事を進められず、課題を提出できない	• 優先順位のつけ方を教える（たとえば、締め切りの近い順に進める、締め切りまで時間のあるときは時間のかかりそうなものから手をつけるなど） • 本人の達成できる量を確認し、課題を細かく区切って少しずつ取り組めるようにする • やる順番を誰か（たとえば教員や保護者）に確認したり、途中で進捗状況を報告できるような機会を設ける
	忘れ物が多い	• 各教科担任が次回の授業で必要なものを記録しておき、授業後のホームルームの際に日直がまとめて黒板に書くなどして、必要なものを確認する機会を設ける • 家庭学習で必要な教科書や資料集などは、スキャンして本人のクラウド上にアップする作業を一緒に行う
	ケアレスミスが多く、テストの得点が伸びない	• テストを受けるときに注意することについて確認する。たとえば、まちがえそうな設問に下線を引いたり、見直しのタイミングを決めておく
	作文や小論文など、自分の考えをまとめ上げることが苦手	• マインドマップやアウトライナーなどを活用して、本人の考えを視覚化する方法を教える • 作文や小論文のサンプルを見て、内容や構造を一緒に分析するとともに、基本的な書き方を教える（たとえば、自分の意見を述べたあとにその理由をつけ加える）
対人面	余計な一言を言ってしまう	• どうしても言いたいときは、メモに書いてあとで特定の教員に伝えるルールを設ける • 余計な一言を言ってしまったあとの謝り方を、あらかじめ本人と一緒に考えておく
	ちょっとしたことでキレてしまう	• キレやすい状況やその前兆を本人と一緒に分析し、キレる前にその場を離れるルールを設ける
	部活や文化祭などで、自分のキャパシティを超えた係の仕事を安請け合いしてしまう	• 係決めの際にはすぐに立候補せず、教員や保護者に相談するルールを設ける

出典：吉田 2018を改変

にくさや自己理解が不十分なために、周囲から見ると厳しい状況であっても本人はできそうと感じてしまうことがよくあります。また、すべて本人任せにしてしまうと、何から手をつけていいかわからず、結果的に準備が遅れてしまうこともあります。

そのため、進路の決定やその準備にあたっては、本人、保護者、学校、地域の支援機関が連携をしながら、早めに情報収集を行い、本人の特性や能力に合った進路をうまくマッチングさせることが重要です。

大学などへの進学を希望する場合には、本人の興味だけでなく、入学後に必要な支援が受けられるかといった視点も必要です。また、受験にあたっては、必要に応じて入試時の**配慮申請**の準備とともに、ADHD のある生徒が達成できるような受験勉強の計画作りやその進捗状況の確認といった支援も不可欠です。

就職を希望する場合には、本人の特性に合った業種や職場を選択することがポイントになります。ADHD の特性から考えると、本人が業務内容そのものに興味をもつことができ、単調なルーチンワークが少なく、時間やルールが比較的緩やかな職場を選択できる場合には、能力を十分に発揮できる可能性が高まると考えられます（詳しくはコラム「就労支援」pp. 106-107 を参照）。

5 専門機関との連携

（1）医療機関との連携

ADHD の医学的診断や治療方針の決定にあたっては、さまざまな心理検査や医療機関での行動観察とあわせて、学校や家庭での様子が大変重要な情報となります。学校での当該生徒の様子を医療機関に伝える際は、基本的には保護者を介して文書や口頭で伝えることが多くなります。

学校から保護者への情報提供の際に必要なこととして、当該生徒のトラブルや問題点だけを伝えるのではなく、できるようになったことや、有効であった支援の内容、学校での本人のがんばりエピソードとあわせて伝えるなど、保護者が肯定的に受け止められるような伝え方の工夫も必要です。

どのような情報を医療機関に伝えたらよいのかわからない場合には、あらかじめ医療機関に問い合わせることも必要でしょう。なお、保護者との関係性や、伝える情報の内容によっては、教員が医療機関に出向くなどして直接、情報共有を行うこともあります。

また、医療機関では、ADHD の神経伝達物質の調整異常に対する医療的な対応として、メチルフェニデート（商品名：コンサータ）やアトモキセチン（商品名：ストラテラ）、グアンファシン（商品名：インチュニブ）といった治療薬が使用されることがあります。

ただし、これは ADHD そのものを治療するのではなく、一時的に状態を落ち着かせることで、学習を効率よく進めたり、支援の効果を高めたりするためのものです。これらの治療効果については副作用の確認を含め、定期的に医療機関において確認されます。その際に服薬の効果について、学校では ADHD のある生徒の様子がどのように変化したかを医療機関に伝えることが求められる場合があります。

　このように、医療機関と家庭と学校とがそれぞれ連携体制をとりながら、定期的に情報共有を行い、状況によってはそれぞれの立場ですぐに対応できるような体制を普段から整えておくことが望ましいでしょう。

（2）地域の支援機関との連携

　ADHD のある生徒にかぎったことではありませんが、高校で何らかの支援を受けていた生徒や不登校の生徒、卒業までに進路が決まらなかった生徒、高校を中退した生徒については、卒業後も引き続き支援が必要と考え、卒業前に

【表3-2】地域の相談機関と各相談機関でできること

	相談内容			各相談機関でできること
	学業	仕事	生活	
発達障害者支援センター	○	○	○	• 日常生活や就職に関する発達障害児・者に対する専門的な相談 • アセスメント
障害者就業・生活支援センター		○	○	• 日常生活全般（働くうえでの自己管理や生活設計）に関する相談や支援 • 就職に関する相談や支援
公共職業安定所（ハローワーク）		○		• 障害者求人の紹介 • 職業相談（専門援助部門として障害者用窓口あり） • 発達障害者雇用トータルサポーターによるカウンセリングやプログラムの実施（一部の機関のみ）
地域障害者職業センター		○		• 就職に関する相談や支援 • 職業適性評価 • ジョブコーチによる支援
地域若者サポートステーション		○		• 15〜39歳までの若者の就職に関する相談や支援 • 自立支援プログラムの実施
役所の福祉担当窓口			○	• 地域での生活支援に関する相談

筆者作成

地域の支援機関との連携体制を構築し、卒業後の切れ目のない支援を提供することが必要です。

　地域によって提供されるサービスが異なる場合がありますが、各自治体で利用できる支援機関の一覧を表3-2にまとめました。これらの機関は、本人や保護者だけでなく、高校の教員が当該生徒をどのように各機関につなげたらいいかといった相談窓口でもあるほか、高校生の就労支援の現状について最新の情報をもとに研修の機会を提供しているところもあります。

　卒業後に利用できる相談窓口についての情報があることは、本人や保護者にとっても安心して社会生活を送るうえで重要ですから、進路説明会などで、これらの情報を提供しておくとよいでしょう。

【引用・参考文献】

堀忠雄・尾﨑久記（監修）、室橋春光・苧阪満里子（編集）『生理心理学と精神心理学　第Ⅲ巻　展開』北大路書房、2018年

Nigg, J.T., & Casey, B. J., "An integrative theory of attention-deficit/hyperactivity disorder based on the cognitive and affective neurosciences" Development and Psychopathology, 17 (3), 2005, pp. 785-806

日本精神神経学会「ICD-11 新病名案」2018年、p. 3

日本精神神経学会（日本語版用語監修）、髙橋三郎・大野裕（監訳）『DSM-5 精神疾患の診断・統計マニュアル』医学書院、2014年

齊藤万比古編『注意欠如・多動症―ADHD―の診断・治療ガイドライン　第4版』じほう、2016年

竹田一則編『よくわかる！ 大学における障害学生支援』ジアース教育新社、2018年

World Health Organization, "International Classification of Diseases 11th Revision", 2018

吉田武男（監修）『特別支援教育―共生社会の実現に向けて―』ミネルヴァ書房、2018年

ウェブサイトの活用案内

◆親と子のための ADHD
　https://adhd.co.jp/kodomo/
◆大人のための ADHD
　https://adhd.co.jp/otona/
　ADHD のある子どもや大人の症状や基本的な対応方法に関する情報が掲載されている。ダウンロードできる資料や動画もあり、校内研修などでも活用できる。

Column	# 課題の提出期限を守るのが 難しい生徒への支援

ADHD のある生徒は、意欲はあっても、課題そのものを忘れてしまう、あるいは課題にうまく取り組めず、結果的に提出期限に間に合わないことがあります。このような生徒に対して、どのような支援ができるか考えてみましょう。

●アセスメント

具体的な対策を立てる前に、とくにどのような状況で困難が生じやすいかを、生徒と一緒にワークシートなどに可視化して整理します。その際、うまくできている状況や取り組み方を利用して行うとよいでしょう。この情報が相談や進捗状況を確認するタイミングの目安になります。また、これらをいつでも参照できるようにしておけば、ほかの場面でもアレンジして活用でき、本人にとって汎用性の高い自助スキルあるいは支援にかかわる情報として蓄積できます。

●具体的な対策を立てる

生徒と一緒に取り組みやすいものからはじめ、生徒の実態にあわせてカスタマイズするとよいでしょう。

【課題管理の方法を工夫する】 提出期限やテストなどのスケジュールは、保護者や友人との共有アプリで管理し、リマインド設定をしておくと、本人が忘れてしまっても対応できる可能性が広がります。また、教科担任同士が学内で共有アプリを管理し、一週間分の予定を情報提供することも有効です。

【タスクや作業時間を細かく区切り、進捗状況を確認する】 本人が達成できる作業量にもとづいてタスクを細かく分け、サブ目標や小休憩（たとえば、30分に1回あるいは設問ごとに3分休むなど）、進捗状況を報告する相手やタイミングを決めておきます。サブ目標が達成されたら好きなことができる時間を設けると、やる気が持続するケースが多いようです。

【集中できる環境の提供】 ほかの生徒や教員がいる状況など、何らかの刺激があるほうが集中しやすい場合には、放課後に教室を学習室として提供することも効果的です。

第 4 章

学習障害のある生徒の理解と支援

1 B君とCさんのケース

読み書きの両方に困難を示すB君

　B君は、走ることが大好きな高校1年生の男子です。運動がとても得意で、陸上部でも毎日休まずに練習をがんばっています。また、友達との会話が大好きです。一方、読み書きに対して顕著に苦手な様子を示し、教科書を音読する際には、新しく出てきた単語の読みがたどたどしく、不正確です。何度も同じ行を読んでしまったり、文末を適当に読んでしまう（たとえば、「〜していました」を「〜していた」）のような勝手読みがみられ、文章の内容を正確に理解することが困難です。

　また、授業内に板書をノートに書き写すことや、プリントに感想文を書く際には、漢字が書けずに仮名文字ばかりで書いてしまうことが多々あります。そのため、課題を締め切りまでに提出することができません。とくに、定期試験場面では、問題文を読むのに多大な労力が必要なため、課題解決に時間を要してしまい、ほとんどの試験では最後まで問題を解き終えることができないで終了時間を迎えます。

　そのため、中学校時代には定期試験の際、別室で教員が問題文を読み上げたり、問題文の漢字にルビを振った試験用紙を準備するなどの配慮を行ったところ、クラス平均点以上の結果を示すことが多くありました。そして、自分の気持ちや考えを言葉で説明することが得意だったため、高校受験では面接を重視する学校を選択して、進学しました。

書くことに困難を示すCさん

　Cさんは、何事にも真面目に取り組もうとする様子がみられる高校2年生の女子です。穏やかな性格であり、他人に配慮しながら、学校生活を送っています。

教科書や雑誌などを読むことはできますが、ノートやテストで書くことに顕著な困難を示します。仮名文字は書けますが、漢字になると極端に苦手です。アルファベットに関しても、「p」と「q」、「b」と「d」、「m」と「n」のように、形態が似ている文字を書く際には混乱してしまうことが多々あります。英単語のスペルを誤って書いてしまうことも多く、板書をノートに書き写すことが大変です。定期試験でも、記号問題では正答にたどりつくことができますが、記述問題になると正確な漢字を書くことができず、成績が低くなってしまいます。

　授業では、黒板の内容をノートに書き写すことが難しかったため、タブレットPCを使って、黒板の写真を撮影するとともに、キーボードでメモを入力することで、授業の内容を振り返ることができるように工夫をしました。

2 学習障害（LD）とは

　学習障害は、知的発達に遅れがなく、環境的要因が原因でないにもかかわらず、読み、書き、算数などの特定の学習面において著しい困難を示す状態をいいます。学習障害はLDと呼ばれますが、その定義には**医学的定義**（Learning Disorders）と**教育学的定義**（Learning Disabilities）のふたつがあります。

（1）医学的定義

　アメリカ精神医学会（American Psychiatric Association）のDSM-5やWHOのICD-11が医療現場の診断基準として用いられています。学習障害のなかでも、とくに読み書き困難を顕著に示す場合には**発達性読み書き障害**（Developmental Dyslexia）として知られています。

【表4-1】DSM-5

限局性学習症／限局性学習障害	Specific Learning Disorder
読字の障害を伴う	With impairment in reading
書字表出の障害を伴う	With impairment in written expression
算数の障害を伴う	With impairment in mathematics

【表4-2】ICD-11

発達性学習症	Developmental learning disorder
読字不全を伴う	With impairment in reading
書字表出不全を伴う	With impairment in written expression
算数不全を伴う	With impairment in mathematics
他の特定される学習不全を伴う	With other specific impairment of learning
特定不能	Unspecified

出典：日本精神神経学会 2018

（2）教育学的定義

　サミュエル・カーク（Kirk, S., 1962）によって提唱され、アメリカを中心に広まってきました。日本においては1999（平成11）年に当時の文部省（現文部科学省）の「学習障害及びこれに類似する学習上の困難を有する児童生徒の指導方法に関する調査研究協力者会議」によって提出された報告書に定義が示されています。

> 学習障害とは、基本的には全般的な知的発達に遅れはないが、聞く、話す、読む、書く、計算する又は推論する能力のうち特定のものの習得と使用に著しい困難を示すさまざまな状態を指すものである。学習障害は、その原因として、中枢神経系に何らかの機能障害があると推定されるが、視覚障害、聴覚障害、知的障害、情緒障害などの障害や、環境的要因が直接の原因となるものではない。

　この報告書における学習面の「著しい困難を示す状態」とは、小学校2・3年生では1学年以上の遅れ、4年生以上または中学生では2学年以上の遅れがみられることとしています。高校生以上になると、学習領域が多岐にわたるため、一概にどの程度の学習の遅れが生じた場合に「著しい困難を示す状態」に該当するのかについては明らかにされていません。

　高等学校における学習を遂行するために必要とされる学習基礎スキル（教科書を音読する、板書をノートに写す、四則演算の計算をスムーズに行う、課題を期限内に提出するなど）の獲得状況によって、学習面における困難が軽減される

ため、学習基礎スキルの獲得状況について実態把握を進めておくことが重要です。実態把握を行うためには、授業や試験時の行動観察、学習面に関するチェックリスト、提出物やノートや試験の成績などを総合的に評価していきます。

なお、教育学的定義は医学的定義と比べて、定義される範囲に「聞く」「話す」などコミュニケーションに関連した領域や「推論する」を含んでおり、対象範囲を広くとらえています。そのため、教育学的定義を広義的定義、医学的定義を狭義的定義と呼びます。本章では教育学的定義にもとづいて話を進めていきます。

3　特性とその理解

学習障害は、その原因に脳の機能障害を想定し、それにより、さまざまな領域で学習困難が生じると考えられています。学習障害の症状を理解するうえで、ウタ・フリス（Frith, U., 1999）のモデルはとても有効です。このモデルでは、障害が発生する要因を生物学的レベル、認知的レベル、行動的レベルの3つの階層レベルに分けて整理します。

学習障害は脳の働きに障害が生じたため（中枢神経系の機能障害）、言語処理や記憶、知覚といった周囲の情報を処理することの困難（特定の情報処理の障害）が生じ、その結果、聞く、話す、読む、書く、計算する、推論するといった領域での困難（基礎的学力の障害）が生じると考えられます。

学習障害は、かならずしもこれらすべての領域で困難を示すわけではありません。また、発達段階に伴って学習内容も移り変わるため、学年が上がるにつれて学習上のつまずきの内容は変化することに注意する必要があります。

（1）幼児期

日常での遊びの活動が中心ですので、遊びの活動中の「聞く」「話す」ことの困難を中心に、保育所や幼稚園から指摘されることが多いです。

活動場面では、言葉での説明では十分に理解することができずにまごついてしまう、しりとりのような「言葉遊び」を楽しむことができない、絵本の読み聞かせに興味を示さずに嫌がるなどの様子がみられます。その場合、文字が読む行為の対象であることに気がついていなかったり、聞いた言葉を一時的に記憶するのが苦手であることが影響している可能性があります。

また、語彙が少なく、うまく状況や考えを伝えられず、やりたいことがあっても我慢していたり、伝えたい意図が十分に伝わらずに困ってしまう場合もあります。この場合には、周囲の大人が答えやすいように問いかけを工夫することで、他者に意図が伝わりやすくなると考えられます。

（２）児童期

　小学校入学時より読み書きや計算などの学習がはじまるため、授業のなかでの「読む」「書く」「計算する」ことの困難さが、顕在化してきます。小学校における読み書き学習の内容は、学年が上がるにつれて、仮名文字から漢字へと移行します。そのため日本語の場合、児童期のなかであっても、学習障害の状態像は変化することに注意が必要です。

　読み書きの困難さを示す事例では、文字から音へ変換する処理や、単語がどのような音から構成されているのかを分析したり操作するなどの**音韻処理（音韻意識）**の弱さ、図の形や位置を認識するなど**視空間処理の弱さ**が影響することが多いです。

　また、ワーキングメモリの弱さも学習上のつまずきを引き起こす要因のひとつとして指摘されています。ワーキングメモリとは、情報を脳内に留めておきながら、並行して、その情報をもとに処理を行う記憶をいいます。ワーキングメモリの弱さは、中学生に入ると英語の学習でのつまずきに影響します。たとえば、文字と音の対応関係が比較的明確である仮名文字とそうではない英語では、要求される脳の情報処理（認知処理）が異なるため、仮名文字の読み書き学習がはじまる小学生では困難さが顕在化しなくても、英語の読み書き学習開始以降に顕在化する事例もあります。

　英語でのつまずきとしては、形が似たアルファベットの区別の難しさ、ローマ字の困難さ、単語の綴りの困難さなどがみられます。このように、学習障害の状態像は、学習課題の内容によって影響を受けていることに留意しなければなりません。

　表4-3は、小学校や中学校などの学校現場でみられる学習障害の特徴の一部を示したものです。学習障害に対する対応は、ほかの発達障害と同様に早期より支援を行うことによって、障害内容が深刻化する前に改善を期待することができます。そのため、学校生活において表のような状態がみられた場合には積極的な支援が必要です。

【表4-3】学校現場でみられる学習障害の特徴的な行動・状態

領域	代表的なチェックポイント
聞く	• 個別に言われるとわかるが、集団場面では聞き取れない • 複雑な指示の理解が難しい • 聞き漏らし、聞き間違いがある。
話す	• たどたどしかったり早口だったり、適切な速さで話すことが難しい • ことばに詰まる • 単語を羅列したり、短い文で内容的に乏しい話をする。
読む	• 初めて出てきた語や普段あまり使わない語などを読み間違える • 文中の語句や行を抜かしたり、または繰り返し読んだりする • 読み方がたどたどしく、流暢でない • 文章の要点を正しく読み取ることが難しい
書く	• 読みにくい字、鏡文字を書く • 漢字の細かい部分を書き間違える • 独特の筆順で書く • 限られた量の作文や決まったパターンの文章しか書けない
計算する	• 簡単な計算を暗算でできない。 • 学年相応の数の意味や表し方についての理解が難しい • 学年相応の文章題を解くのが難しい
推論する	• 長さやかさの比較や、量を表す単位を理解することが難しい • 図形の模写や、見取り図、展開図を書くことが難しい

出典：文部科学省 2012

（3）青年期

　学習障害は、青年期に至る前に診断されていることが多いです。一方、不登校や不適応など**二次障害**の症状が出ている生徒の背景を探っていく過程で、学習障害が明らかになる場合もあります。

　学習面に困難を示す生徒の場合、学習の失敗を繰り返すことによって、特定の学習領域に留まらず、日常生活全般において活動意欲の低下が起こり、結果的に**学習性無力感**を形成することが多いです。

　学習性無力感とは、「努力をしても無駄である」という考え方に至ってしまう心理状態であり、筆記用具やプリントを見ただけで、頭痛やめまいなどの身体症状が現れ、結果的に不登校や不適応などの二次障害へと問題が深刻化していきます。このような場合、不登校や不適応などの二次障害の症状に対する対応が優先されてしまい、学習上の困難の軽減、あるいは克服をめざす対応が後回しにされることが多くあります。

また、学習成績が振るわない原因は、本人の学習に対する怠惰や、努力不足によるものであるととらえられるケースも多く、不適切な声かけや対応によって、さらに状態が悪化してしまうことも多くみられます。

　教員は学習障害の特性を十分に理解したうえで、どのような学習手続きを踏めば力を発揮できるのかについて、本人と一緒に話し合いながら、対応を進めていくことが重要です。

4 教員としての支援や配慮

　学習障害に対するアプローチは、「学習障害の予防的な支援アプローチ」と「学習障害の軽減を図るアプローチ」に分けられます。

（1）学習障害の予防を目的とするアプローチ

　幼児期、児童期を中心に、「学習障害の予防」の観点にもとづく支援や配慮が行われます。ここでは、学習障害を予防するために教科学習で必要とされる「読み」「書き」「計算」などの学習基礎スキルを習得することを目的とします。学習基礎スキルには、たとえば、正確に文を読むこと、スムーズに音読すること、特殊音節（促音、長音、拗音など）を含む単語の読み書きができること、新出漢字を学習するために部首を意識すること、漢字を構成している部品を見つけられるようになること、すばやく一桁同士の足し算、引き算ができるようになることなどがあげられます。

　これらの学習基礎スキルを獲得するためには、習熟度別学習による小集団指導や通級による指導などの専門的な指導において、個々の認知特性に応じた学習プリントやワークシートの活用、補足的説明学習を行います。

　近年、RTI（Response to Intervention / Instruction）モデルにもとづく支援が行われるようになりました。RTIモデルでは、学習の困難を教育上の働きかけ（教育的介入）に対する反応と変化から評価します。そして、在籍学級における少人数指導などの補足的な指導から、通級による指導などの個別的な専門指導へと、段階的に学習形態を変えていくアプローチです。

　学習障害の判断よりも前に教育的介入を行うため、早期に支援を実施することが可能です。そのため、小学校の低学年より実施されることが増えてきています。

（2）学習障害の軽減を図るアプローチ

　青年期の学習障害は、「うまく話せないから授業に参加できない」「読めないから授業についていけない」「答えがわかっているのに、書けないからテストに答えられない」というように、特定の学習基礎スキルの獲得の困難によって、教科内容の理解にさらなる困難を引き起こしている事例によく出会います。

　このように連鎖して生じる新しい学習上の困難を回避し、社会参加・自立を促進させるために、苦手な能力をほかの学習スキルで補完して長所活用型の学習方法を確立させること、そしてそのスキルを本人に認識してもらうことが重要です。

　たとえば、図形や文字などの視覚的な図形を分析したり理解することが難しい場合には、言語的な情報に置き換えることによって理解しやすくなることがあります。その場合には、言語的な情報に置き換える手続きが有効であると意識してもらうことで学習に対して取り組む意欲を高め、ほかの教科教育での学習に応用してもらうことを期待します。

　また、青年期は、タブレット PC やスマートフォンなど情報処理機器の活用方法を学ぶこと、そして、それらの情報処理機器を学習の補助的・代替的な学習を進めるための学習道具として、スムーズに活用できるように練習を行うことも重要です。

　読み・書き・計算などの特定の領域における学習基礎スキルに困難がみられても、情報処理機器の活用や授業内での**合理的配慮**により学習スキルの獲得を補償すれば、認知的レベルでのつまずきがあっても高等学校での学習活動に参加することができます。

　このように、学習障害のある高校生に対しては、学習障害の予防ではなく、社会参加・自立を目的とした支援を中心に行います。

　表 4-4 は、授業時間内で教員が提供できる、学習障害の対象領域別の合理的配慮の具体例を示したものです。高等学校の場合には、教科ごとに担当する教員が異なるとともに、全日制・定時制・通信制など授業の実施形態が多岐にわたるため、表内にある具体的な支援手続きを各教科領域で適用可能な内容に修正・変更を行い、実施していきます。また、これらの支援や配慮は、定期試験や入学試験においても認められることが増えてきています。

【表4-4】 学習障害への合理的配慮の具体例

領域	教室場面での具体的な合理的配慮例
聞く	• 話の内容に関連するイラストや写真を示しながら話す • 黒板に順を追って指示内容を書く • 指示代名詞をできるだけ使わない • 指示は「短く・はっきり・ゆっくり」話す • 教員の話す連絡事項をタブレットPCなどを使って録音させる
話す	• 見本になるように正しい言葉づかいで話しかける • 生徒が話した内容について、そのポイントを整理して確認する • 生徒が話しやすいように、実物や写真、絵などを準備する • 話したい内容に関連した写真をデジタルカメラなどで撮影し、画像を示しながら話させる
読む	• 事前に読むところを伝える • 文節ごとにスラッシュ（／）をつける • 漢字に振り仮名をつける • 教科書の文字を拡大したり、行間を広げたものを準備する • 文字の大きさ、フォント、文字色、背景色などを読みやすいものに変更する • 読み上げ機能により、音読にかかる労力を軽減させ、心理的負担を減らす • 文章の内容に関連したイラストや写真などを示す • キーワードを丸で囲む • 段落の関係を図で示す • 生徒の興味・関心が高い題材の文章を取り入れる
書く	**文字を書く** • 漢字を構成する要素を語呂合わせなどの言語的情報にもとづいて説明する • 漢字の成り立ちなど、付加的情報を伝える • 個々の特性に応じて、ノートのマス目の大きさや罫線の幅を調節する **板書を書き写す** • ワークシートを準備し、書く負担を軽減させる • タブレットPCのカメラ機能を使って板書を記録し、振り返ることができるノートを作る **作文** •「いつ」「どこで」「だれが」「何をして」「どうする」などを細かく質問し、書く内容を整理する • 書く内容を付箋に書き、書く順番を付箋の順番を入れ替えながら考える • 作文のテーマをあらかじめ伝える • 他者の書いた文を参考に加筆したり、削除したりなどの推敲する経験を重ねる • 作文で用いるような気持ちを表す言葉などが使えるように表現方法を伝える • 授業の感想など、文を作成する際にキーボードで入力させる

計算する	• 位取りのマスや縦の補助線を入れ、書き込む数字の場所を明確にしたり、位取りの数字がずれないようにする • 具体的なものや絵、図を示し、計算の意味を伝える • 筆算では、計算手順を示すカードを用意する • 黒板に書かれた問題をタブレット PC などで撮影し、ペン入力機能を使って計算を解く • 計算機の活用 • 文章題の内容をできるだけ生徒が経験した出来事や興味のある題材と関連させる • 文章題の解き方を言葉で説明をさせ、ポイントを整理する • 文章題のなかで要点やカギになる言葉に印をつける
推論する	**図形を含む課題** • 可能なかぎり言葉での説明を加える • 具体物を用いて説明を行う **位置や空間を把握する** • 空間での位置関係を把握しやすいように目印をつける • 生徒の身体を使って位置関係や方向を確認する

出典：国立特別支援教育総合研究所 2013 を一部改変

5　専門機関との連携

（1）医療機関

　学習障害は注意欠陥多動性障害や高機能自閉症と併存する場合が多いため、学校と医療機関が連携することで、学習に集中できる状態を見つけられることが多くなり、学習支援効果が大きくなります。ただし、学習障害そのものに対する直接的な治療法はないので注意しましょう。

　また、2011（平成 23）年度の大学入試センター試験から、発達障害のある受験者に受験上の配慮が認められるようになり、その申請者は年々増えてきています。受験上の配慮を受けるには、高等学校などで行った配慮（試験などの評価における配慮や個別の指導計画の作成）の有無に加えて、医師の診断書が必要です。

（2）発達障害者支援センター

　発達障害者支援センターは、都道府県や政令指定都市に開設されています。主に「相談支援」「発達支援」「就労支援」「普及啓発・研修」の 4 つの役割を

担っています。

　発達障害者支援センターには、社会福祉士、臨床心理士、言語聴覚士、医師などが配置されており、発達支援に関連する多くの職種との連携が可能です。教員は学習障害の対応について研修を受けたり、今後の支援方針について障害特性にもとづく助言や相談を受けることができます。

【引用・参考文献】

独立行政法人大学入試センター HP「受験上の配慮案内」https://www.dnc.ac.jp/center/shiken_jouhou/hairyo.html（2019 年 11 月 1 日閲覧）

独立行政法人国立特別支援教育総合研究所編『改訂新版　LD・ADHD・高機能自閉症の子どもの指導ガイド』東洋館出版社、2013 年

Frith, U., "Paradoxes in the definition of dyslexia" Dyslexia, 5（4）, 1999, pp. 192‐214

学習障害及びこれに類似する学習上の困難を有する児童生徒の指導方法に関する調査研究協力者会議「学習障害児に対する指導について（報告）」文部省、1999 年

文部科学省「通常の学級に在籍する発達障害の可能性のある特別な教育支援を必要とする児童生徒に関する調査結果について」2012 年

日本精神神経学会（日本語版用語監修）、髙橋三郎・大野裕（監訳）『DSM‐5 精神疾患の診断・統計マニュアル』医学書院、2014 年

日本精神神経学会「ICD‐11 新病名案」2018 年、p. 2

ウェブサイトの活用案内

◆認定 NPO 法人 EDGE
https://www.npo-edge.jp
ディスレクシア（読み書き障害）の人が社会参加するために、啓発活動や研修会などを企画し、情報を発信している。

ウェブサイトの活用案内 政府機関

●文部科学省
https://www.mext.go.jp/ ⇒教育⇒特別支援教育
文部科学省は、わが国の教育行政の監督官庁である。「特別支援教育」のページには、資料として法令、通知、答申、報告書などが集められている。

●内閣府
https://www.cao.go.jp/ ⇒内閣府の政策⇒共生社会⇒障害者施策
内閣府は、障害者施策に関する企画・立案や基本的な計画を定め、関係省庁などと連携し、さまざまな施策を総合的に実施している。「障害者施策」ページには、障害者基本法の条文、障害者基本計画の概要・進捗状況、「障害者白書」などが掲載されている。

●厚生労働省
https://www.mhlw.go.jp/ ⇒福祉・介護⇒障害者福祉
厚生労働省は障害のある人も地域の一員として、ともに生きる社会づくりをめざし、障害保健福祉施策を推進している。「障害者福祉」ページに施策情報や法令・通知検索、統計情報、各種障害者福祉関連資料（WAM NET）などを掲載。

●政府広報オンライン
https://www.gov-online.go.jp/ ⇒障害のある方⇒障害者支援関連リンク集
内閣府大臣官房政府広報室が作成・管理しているサイト。「障害者支援関連リンク集」のページには、障害者に関係する、暮らしに役立つ情報や政府インターネットテレビへのリンクなどが掲載されている。

● e-Gov 法令検索
https://www.e-gov.go.jp/
総務省行政管理局が作成・管理しているサイトで、法令（憲法・法律・政令・勅令・府令・省令）の最新の内容を検索できる。

●国立特別支援教育総合研究所
https://www.nise.go.jp/nc/
文部科学省所管の独立行政法人で、わが国唯一の特別支援教育に関するナショナルセンター。サイトには障害種ごとの特別支援教育情報一覧、教育支援機器等展示室（i ライブラリー）、各種の研究成果・刊行物などが掲載されている。

自閉症の生徒の理解と支援

1 Dさんのケース

　今年の春から、地元では進学校と評判の高等学校に通っているDさん。しかし、入学してこのかた、学校が楽しいと思ったことはありません。Dさんにとって学校はストレスの大きい、疲れる場所なのです。

　Dさんは、他人の気持ちを察したり、場の空気を読むのが苦手です。他人が笑っているのを見ると、なぜ笑っているのかとても気になります。自分のことをバカにして笑っているのでは、などと不安になったりもします。冗談も理解できません。いつも仲良さそうにしているクラスメイトらがお互いをけなしながら笑っている姿を見ると、他人ごとながらハラハラしたり、混乱したりします。

　高校ではまだ友達ができていません。入学当初、いつもひとりでいるDさんに話しかけてくれた女子生徒もいましたが、アイドルやテレビドラマなどの話題についていけませんでした。Dさんは人の顔を覚えるのが苦手です。アイドルの写真を見せられてもわからないし、1週間経つと誰が主人公だったかわからなくなるので、テレビドラマは見ないのです。友達はほしいのですが、その反面、ひとりでいることを放っておいてほしいとも思っています。

　Dさんははじめてのことやいつもとちがうこと、予想がつかないことが苦手です。規則正しいことが好きで、いつも決まったパターンだと安心できるのですが、高校ではDさんが想像していた以上に毎日いろいろなことが起きます。

　そんな状態ですが、今のところはどうにか休まず高校に通っています。自分の苦手な面については自覚していますが、それを他人にわかってもらいたいとか、援助してもらいたいなどと、考えたこともありません。担任もホームルームと担当している国語の授業でのDさんの姿しか見ていません。Dさんがよく忘れ物をすることや、授業中に時々ぼんやりしている様子が気になる程度で、彼女の抱えている困難にはまったく気がついていませんでした。

2　自閉症とは

（1）自閉症の基本的な特徴

　自閉症とは、**他人とのコミュニケーションや社会的関係の形成の困難**と、**興味や関心が狭く特定のものへのこだわり**を特徴とする**発達障害**です。

●他人とのコミュニケーションや社会的関係の形成の困難

　知的障害を伴う自閉症の場合は、言語発達に遅れがあり、言葉をまったく話せなかったり、語彙が少なかったり、エコラリア（反響言語、オウム返し）や代名詞の逆転などがみられます。それに対して知的発達に遅れのない自閉症（**高機能自閉症**）の場合は、語彙が豊富で、文法も正確ですが、大切な情報が抜けていたり、どうでもいいような細かな情報を延々と話したりするため、何を言いたいのかが相手にうまく伝わりません。

　また、言葉以外の身振りや視線、表情など非言語的コミュニケーション手段を上手に使って伝えることが苦手です。たとえば、嫌な気持ちを他人に伝えるときでも、表情や声のトーンなどが平板なため、深刻さが理解されなかったりします。

　相手の話を聞いて理解することも苦手です。文脈から言葉の意味を想像することが不得手なので、字義どおりに受け取ってしまい、言葉の裏にある相手の意図をうまく読み取ることができません。複数の人との会話ではとくに理解が悪くなります。

　そして、他人の感情や考えを直感的に察するのが苦手だったり、無頓着だったりするため、場にそぐわない言動をして、相手を不快な気持ちにさせることがあります（村松, 2011）。しかし、相手がなぜ怒っているのか理解できないため、とまどったり、いつも自分ばかり責められると被害者意識をもったりすることも少なくありません。

　他人との関係がうまく築けないため、慢性的な不安やストレスを抱えているケースもあります。表面的にはうまく他人に合わせているように見える人でも、人間関係を維持するために過剰に気をつかっていて、多大な精神的疲労を蓄積していることがあります。

第5章──自閉症の生徒の理解と支援

●興味や関心の狭さ・特定のものへのこだわり

　自閉症は、物事の手順や物の配置にこだわったり、記号やマーク、天気図・地図、時刻表などの特定の事柄に極端なほどの興味や関心をもつことが知られています。関心の度合いによって取り組み方の差が大きく、関心があるものには周囲の呼びかけも耳に入らないほど集中する半面、興味がわかないとまったく手をつけようとしません。

　目の前にない事物について頭のなかで思い浮かべ、因果関係など物事の関係性をとらえたり、仮定にもとづいて思考したりすることが苦手です。そのため、想定していないことが起きて、見通しがはっきりしないと混乱したり、気持ちや行動を切り替えることが難しかったりします。状況に応じて柔軟に対応することができず、融通がきかないともいえます。新しいことが苦手で不安を感じたり、慣れるのに時間がかかったりするのも同じ理由からです。

●感覚刺激に対する異常

　自閉症は、聴覚や視覚、触覚などの感覚刺激に対する反応の仕方に偏りがあり、特定の感覚刺激に過敏だったり、苦痛を感じたりすることがあります。逆に、ある感覚にはとても鈍感だったり、没頭するほど好きだったりする場合もあります。

　感覚刺激への反応の様相は個人差が大きいのですが、自閉症の人によくみられる例としては聴覚過敏があります。突然の大きな音が苦手、特定の音が耐えられない、ざわざわした教室のような環境では大事な声が聴き取れなかったり、ひどく疲労したりします。また、特定の衣服の肌ざわりが耐えられないといった触覚過敏や、特定の食べ物の食感や味、においががまんできないといった味覚や臭覚の過敏性もよく耳にする例です。

　感覚刺激に対する過敏性や、それによってもたらされる苦痛は、他人からはわかりにくいものです。本人はそれを我慢したり逃れたりするためにかなりのエネルギーを費やさなければならず、生活するうえで大きな支障となります。

（2）社会性の３つのタイプ

　イギリスの精神科医ローナ・ウィング（Lorna Wing）は、対人関係の特徴から自閉症を３つのタイプに分類しました。孤立型、受動型、積極奇異型です。

　孤立型は、人への関心に乏しく、他人とかかわりをもとうとしません。呼ば

れても振り返らず、すれちがっても何の反応も示さず、他人が見えていないかのように行動します。幼児期の自閉症や重度の知的障害を伴う自閉症に比較的多くみられるタイプです。

受動型は、他人からの働きかけに受け身ながらも応じますが、自分から積極的にコミュニケーションをとろうとはしません。問題となるような行動も目立たないため、自閉症であると認識されなかったり、支援が後回しにされがちです。嫌なことも受け入れてしまうので、ストレスを蓄積しやすく、思春期以降に抑うつや不安障害などの精神科症状を併発することがあります。

積極奇異型は、積極的に他人にかかわろうとしますが、かかわり方が奇妙であったり、一方的であったりします。相手の都合や気持ちに無頓着なので、相手に誤解を与えたり、不快な気持ちにさせたりして、対人関係のトラブルが多いタイプです。

ただし、これらの分類は固定的なものではありません。幼児期に孤立型だった子どもが学童期には受動型あるいは積極奇異型へと、発達の過程で別のタイプに移行することがあります。

（3）自閉症の診断

1940年代にアメリカの精神科医レオ・カナー（Leo Kanner）が、共通した特徴を示す11名の子どもたちの症例を報告し、「早期乳幼児自閉症」と命名したことが、自閉症研究のはじまりです。

1990年代前半に、国際的な診断基準である世界保健機関（WHO）の「国際疾病分類第10改訂版（ICD-10）」とアメリカ精神医学会の「精神疾患の診断分類第4改訂版（DSM-Ⅳ）」により、自閉的な症状をもっている状態の総称としての**広汎性発達障害**と、その下位分類として**自閉性障害、アスペルガー障害、非定型自閉症**、あるいは**特定不能の広汎性発達障害**が位置づけられました。これによって、知的発達に遅れのない自閉症の存在が医療関係者のあいだで気づかれるようになり、さらには福祉・教育・保健とさまざまな領域の専門家や関係者に広く認識されるようになりました。

その後、2013年にDSM-Ⅳは**DSM-5**に、2018年にICD-10は**ICD-11**に改訂され、いずれも広汎性発達障害という診断名とその下位分類が廃止され、**自閉スペクトラム症**（Autism Spectrum Disorder：ASD）という診断名で一括りにされました。

自閉スペクトラム症は、①他人とのコミュニケーションや社会的関係の形成の困難と、②興味や関心が狭く特定のものへのこだわりという、ふたつの基本特徴が幼児期早期から認められ、そのことによって日々の活動に重篤な支障をきたしている場合に診断されます。

　なお、医療関係者は自閉スペクトラム症という診断名を使用していますが、法律や行政上は現在でも自閉症という用語が使われているため、本書でもそれに従うことにします。自閉スペクトラム症と自閉症は同じものを指していると考えてください。

（4）自閉症の有病率

　かつて自閉症は人口の 0.1％程度と考えられていましたが、近年では 1〜2％程度の有病率と報告されています（鷲見, 2011）。

　有病率の上昇については、診断基準の変化や早期発見システムの整備、認知度の高まりなどによる見かけ上の増加だといわれる一方で、晩婚化・晩産化（両親の高齢化）などの環境的な要因による影響で実数が増加しているという可能性も指摘され、明確な答えは出ていません。しかし、自閉症と診断され、支援が必要とされる子どもたちの数が増加していることは疑いのない事実です。

（5）自閉症の原因

　過去には、冷淡な親の育て方によって心を閉ざしたとする情緒障害説が唱えられたこともありましたが、今日では自閉症は脳の機能障害によることが明らかになっています。そしてそれは、遺伝要因と環境要因の複雑な相互作用によって生じると考えられています。

　自閉症の発症を遺伝的な要因から説明する仮説はふたつあります（堀越・土屋, 2018）。ひとつは、両親から受け継いだ多数の遺伝子変異が自閉症の発症に寄与しているとする多遺伝子リスクモデルです。もうひとつは、主働遺伝子モデルといい、発症の確率の高い少数の遺伝子変異が起こることにより生じるというものです。

　自閉症発症のリスク遺伝子は、上記の前者のように両親から受け継ぐケースもありますが、同じく後者のように精子や卵子、あるいは受精卵に両親のDNA には存在しない突然異変によって生じるケースもあります。

　自閉症の発症とかかわる環境要因とは、親の育て方などの養育環境ではなく、

子宮内での生育環境です。そうしたリスク要因として、胎児期に母親から受ける薬物（抗てんかん薬や抗うつ薬）や喫煙、大気中の汚染物質（塩素系有機溶剤、重金属、ディーゼル排気粒子など）、殺虫剤や農薬などの可能性が指摘されています（堀越・土屋, 2018）。

3 特性とその理解

　以下では、知的発達に遅れのない高機能自閉症を念頭に、その発達経過を概観します。ただし、自閉症の特性には共通性がありますが、生活環境や周囲との関係性などにより、人によって多様な表れ方をします。

（1）幼児期

　保育所や幼稚園などに入園すると、ひとりでずっと好きなことだけをしていて、集団行動に参加しないとか、自分の思いどおりにならないと大泣きしたり、かんしゃくを起こしたりするといった、こだわりの強さによる集団生活での困難が表面化します。

　また、においや騒がしさで教室にいられないとか、決まったものしか食べられないといった感覚の過敏性の問題も顕在化します。しかし、このことをまわりの人に伝えられるだけの言語能力が育っていないので、保護者や保育者は感覚過敏の存在を頭に置いて子どもの行動を観察する必要があります。さらに、このようなこだわりや過敏性のため、登園を渋る子どももいます。

（2）学童期

　小学校低学年では、学校のルールが理解できず、集団行動が難しかった自閉症の子どもも、中学年ごろになるとルールが理解できるようになり、それに従おうとする気持ちが出てきます。しかし、状況を考えず杓子定規に守ろうとしたり、ほかの子どものルール違反を教員に言いつけたりして、まわりをイライラさせたり、トラブルになったりします。

　逆に、持ち前の几帳面さを生かして、与えられた役割をきちんと果たすのでクラスメイトから評価され、自己肯定感が高まるケースもあります。

　高学年ごろになると、他人への関心が出てきて、自分と他人とのちがいを意識したり、他人の気持ちを読もうとしたりするようになります。しかし、それ

は柔軟性を欠き、パターン化した理解であるため、かえってトラブルとなることがあります。

そのため、自分は周囲から好かれていないとか、相手にされていないといった否定的な自己理解と低い自己評価を形成し、高いストレスや不安を抱えたりします。不登校や抑うつや不安などの**二次障害**が目立ちはじめるのもこのころからです。

(3) 思春期・青年期

思春期・青年期には、少ないながらも趣味を共有する友達ができて、それなりに安定した学校生活を送る者もいれば、いわゆる「空気が読めない」言動のため、仲間から排除されたり、いじめられたりして、孤立感にさいなまれたり、逆に他人への暴言や暴力などといった対人関係のトラブルに発展することもあります。

学業面では、丸暗記やパターンの暗記が得意な自閉症の生徒は、小学校時代にはあまり授業に参加していなくても、高い学業成績を残すことができます。しかし、中学校、高等学校と学習内容の抽象度が高くなるにつれて、授業についていけなくなるケースが増えてきます。

4 学校・教員としての支援や配慮

(1) 教員としての支援や配慮

教員として自閉症の生徒への支援や配慮を考える際に、まず行うべきことは、本人の特性や行動様式、対人関係のパターンを把握することです。そのうえで特性に起因する弱点を補い、能力や長所が生かされるように、まわりの者のかかわり方を含めて**環境調整**を行います。

具体的な支援の方法や内容を決める際には、本人の思いを確認し、相談しながら進めることが重要です。行動観察だけでは、実際のところ本人が何に困っていて、どうしてもらいたいか判断がつかないためです。

それと同時に、自閉症の生徒は、自身の特性や行動パターンの特徴を客観的に把握したり、自分の気持ちに気づくことが難しかったり、困っていても自ら援助を求めようとしません。

そのため、話し合いを通して、自分が困っていて助けを必要とする状況であ

ることに気づいてもらうことも大切です。担任など身近な人に伝えることで問題が解決したり、軽減する経験を積み重ねていくことで、自分の特性の理解を深め、信頼できる人に援助を要請するスキルを身につけていくのです。

●安心できる環境を整える

学級内のルールが明確で、だれもがそれを守り、お互いが気持ちよく過ごすことのできる学級づくりが大切です。ルールを守れず、ケンカやいさかいが絶えない学級では、自閉症の生徒でなくとも安心できる環境とはいえないでしょう。

また、余計な感覚刺激によって不快感を大きくしないよう、静かで落ち着いた教室環境が求められます。教員自身が大きな声を張り上げて騒々しい環境の一因とならないように注意しましょう。

●構造化し、見通しをもたせる

自閉症の生徒は、はじめての場所やはじめての体験に強い抵抗を示すことがあります。予測できないことに対して不安を感じ、その場の状況に応じて柔軟に対応するといったことはとても苦手です。

構造化とは、情報を視覚的・具体的・系統的に整理して伝えることで見通しがつくようにする方法です。たとえば、はじめて参加する活動に不安を示す生徒に、いつ、どのようなことを行い、どうなると終了するのか。さらに自分はいつ出番があって、何をするのか、といった活動の流れとその内容、進行状況を視覚的に示すことによって、安心して取り組めるようになります。

●視覚的な情報を活用する

自閉症の生徒は、多くの人の声やさまざまな音のなかから必要な声や情報を取捨選択するのが苦手です。そのため、音声情報よりも視覚情報のほうが理解しやすいといわれています。音声はすぐに消えてなくなりますが、視覚情報は何度でも確認できるという利点もあります。重要なことは、できるだけ具体的なメモにして渡すなどの工夫を心がけましょう。

しかし、同時に多くの視覚的な情報があると必要な情報が見つけられず苦労します。情報はできるだけ簡潔でわかりやすくすることがポイントです。

●説明や指示は短く、具体的で明確な表現を用いる

　自閉症の生徒はあいまいな表現を理解するのが苦手です。説明したり、指示したり、質問したりする際には、短い文で、明確に、かつ具体的に表現することが大切です。長くなる場合は、まず全体像を示したのちに、ひとつずつ順を追って、できるだけ具体的に表現します。

　たとえば、「きちんと掃除をしなさい」といった表現よりも、「掃除のときは、まず○○をします。それが終わったら、次に○○します」といったように具体的な行動を細かく分けて、順々に説明するようにします。

●悩みの相談相手になる

　思春期以降、友達が親と同等、あるいはそれ以上に重要な相談相手として位置づけられるようになります。しかし、友達関係をうまく築くことができない自閉症の生徒にとって、身近な存在である教員が、不満や不安、願望を相談できる大切な存在となります。

　しかし、それまで自分の特性が周囲の人に十分理解されず、適切な配慮や支援を受けてこなかった場合、他人に相談したり、他人からのアドバイスや支援を受け入れようとしないかもしれません。

　そうしたケースでは、たとえば友達とけんかになった際に、叱ったり、非難したりするよりも、その生徒と相手の行動と感情がどのように行きちがってそのような事態に発展したのか、本人とやり取りをしながら、教員が状況を整理し、どうしたらよかったかなどの具体的な解決策を提案します。

　このような、きちんと話を聞いてくれて具体的な助言をもらえるという経験を積み重ねることによって、自閉症の生徒も信頼できる大人に悩みを相談することができるようになるのです。

（2）通級による指導

　2018（平成30）年から高等学校でも通級による指導が開始されました（p.15）。はじまってまだ間もないため、通級指導教室を開設している高等学校や通級による指導を受けている生徒の数は非常に限られていますが、今後、徐々に増えていくと予想されます。

　先に述べたような担任などによる通常の学級のなかでの支援や配慮だけでは十分な効果が得られず、かつ通級による指導が可能な環境にある場合、その活

用は自閉症の生徒の支援を考えるうえで重要な選択肢となりえます。

　通級による指導では、生徒の抱える課題や困難を改善・克服することを目標に、個別の教育支援計画にもとづき、主として個別指導が行われます。そのため、指導内容は個々の生徒によって異なりますが、自閉症の生徒に対してよく行われている指導には、自分の考えや気持ちの伝え方、相手の考えや気持ちの理解の仕方、集団ルールや社会的マナー、場面や状況に合わせた行動のとり方など、集団のなかで他人と適切にかかわるための方法や上手なコミュニケーションの方法などがあります。

　また、自分の感情への気づきと、そうした感情が生じた理由や原因の理解、そして感情をうまく表出したり、怒りや興奮を上手にコントロールしたりする方法も、よく取り組まれている指導内容です。

　思春期・青年期の大切な発達課題である自己理解を深めることも、通級による指導の重要な指導内容となります。通級による指導では、教員と生徒が一対一でじっくりと時間をかけてかかわることができるため、自分の特徴やよさを客観的にとらえることや、良い部分も悪い部分も含めて自己を多面的に理解したうえで、自己肯定感を育むことが可能なのです。

　また、実際の活動に取り組むなかで、個別指導で学んだ知識や技能を、望ましい行動として身につけることを目的として、個別指導と小集団指導を組み合わせて実施することもあります。小集団指導では、同じような特性のある仲間と、安心して話をしたり活動をしたりすることで、他人とかかわる自信と意欲を育てることも大切な目的となります。

　通級による指導の効果を上げるためには、担任と通級指導担当者とが連携し、情報を共有しながら支援を実施することが重要です。通級による指導での成果が学習場面や学校生活全般で生かせるよう、担任がクラスでできることを工夫することも大切です。

5 　専門機関との連携

　自閉症の生徒に関係する地域の専門機関はADHDと同じなので、第3章を参照ください。以下では、医療機関と発達障害者支援センターについて少し詳しく説明します。

（1）医療機関

　最近では１歳６か月児健康診査や３歳児健康診査で自閉症が疑われて、幼児期の早期に医療機関で診断され、成人に至るまで継続して支援を受けている自閉症の人が増えています。

　その一方で、高機能自閉症のなかには、思春期以降になってはじめて医療機関を受診するケースも少なくありません。そのような場合、自閉症の特性である社会性やコミュニケーションの問題よりも、抑うつや不安、パニック、強迫症状などの精神症状を主訴としていることが多く、回復までにかなりの時間を必要とします。

　現状で適応がよく、本人が受診の必要性を感じていない場合であっても、その後の進学・就労などの環境の変化によっては適応状況が変わる可能性があります（新美ほか, 2017）。心身に不調をきたしてから病院に駆け込むよりも、できるだけ早い時期から相談できる専門医を確保しておくことが望まれます。

　自閉症の生徒にとって思春期・青年期は、小児科から精神科への移行の時期です。相談の主体が保護者から本人に移行していく時期でもあります。この時期、自己理解を深め、自分が困っていることや悩んでいることを専門家に相談する力をつけていくことが重要な発達課題になります。それまでに、専門医から適切な診断告知がなされていて、診断名が自分の特性とリンクして理解されていると、それをヒントに自分の行動を振り返り、自己理解が深まるようになります。

　また、進学や就労に際して、障害を開示して支援や配慮を受ける場合に、診断書を書いてもらったりするために医療機関への受診は不可欠となります。

　担任として保護者に受診を勧める場合には、こうしたことを理解したうえで、本人や保護者の意向や本人の学校での状況を考慮しながら、特別支援教育コーディネーターと相談して、信頼のおける医療機関を紹介することが大切です。

（2）発達障害者支援センター

　発達障害者支援センターは、発達障害児・者やその家族への支援を総合的に行うことを目的とした専門的機関です。発達障害者支援センターで行っている支援には、相談支援、発達支援、就労支援の３つのタイプがあります。

　相談支援では、本人や家族、学校や職場などの関係機関などを対象に、さまざまな困りごとについて、電話や面接による相談に応じてくれます。福祉制度

やその利用の仕方、保健・医療・福祉・労働などの関係機関も紹介しています。発達障害の診断を受けている人だけでなく、発達障害の可能性がある人も相談することができます。

　発達支援では、療育や教育などにおける具体的な支援方法について、家族や療育機関、学校などに助言したり、支援計画を作成したり助言したりしてくれます。

　就労支援では、就労についての相談に応じてくれます。また、公共職業安定所、地域障害者職業センター、障害者就業・生活支援センターなどの労働関係機関と連携して情報提供をしてもらえます。

　このほかに発達障害者支援センターでは、発達障害を地域住民に理解してもらうための普及啓発や、地域の支援体制づくりや人材育成などの役割を担っています。

【引用・参考文献】

本田秀夫『自閉スペクトラム症の理解と支援』星和書店、2017 年

堀越隆伸・土屋賢治「第 6 章　遺伝・環境・エピジェネティクスと自閉スペクトラム症」　日本発達心理学会編、藤野博・東條吉邦編集『自閉スペクトラムの発達科学』新曜社、2018 年、pp. 67-76

岩佐光章「ASD の長期経過」『精神療法』44（2）、金剛出版、2018 年、pp. 221-227

村松陽子「発達障害の特性と支援の基本姿勢」『精神科臨床サービス』11（2）、星和書店、2011 年、pp. 168-173

日本精神神経学会（日本語版用語監修）、髙橋三郎・大野裕（監訳）『DSM-5　精神疾患の診断・統計マニュアル』医学書院、2014 年

新美妙美・樋端佑樹・本田秀夫「発達障害診療における小児科から精神科へのトランジション」『精神科治療学』32（12）、星和書店、2017 年、pp. 1573-1578

大塚玲「第 8 章　自閉症の理解と支援」　大塚玲編著『インクルーシブ教育時代の教員をめざすための特別支援教育入門（第 2 版）』萌文書林、2019 年、pp. 104-118

齊藤万比古・小枝達也・本田秀夫編著『ライフサイクルに沿った発達障害支援ガイドブック——知ってほしい乳幼児から大人までの ADHD・ASD・LD』診断と治療社、2017 年

篠原大明「自閉スペクトラム症概念の普及は児童思春期精神科診療をどう変えたか」『臨床精神医学』48（10）、アークメディア、2019 年、pp. 1137-1141

鷲見聡「名古屋市における自閉症スペクトラム、精神遅滞、脳性麻痺の頻度について」『小児の精神と神経』51（4）、日本小児精神神経学会、2011 年、pp. 351-358

ウェブサイトの活用案内

◆ 発達障害情報・支援センター

http://www.rehab.go.jp/ddis/

発達障害に気づくための基本的な情報、発達障害の特性や生活場面での対応、発達障害者を支える制度、施策、相談窓口の情報などが掲載されている。

発達障害とは、生まれながらあるいは発達期に生じる脳の機能的な障害により、認知や言語、行動などの機能の獲得に著しい困難が生じる状態をいいます。では、発達障害とは具体的に何を指すのでしょうか。

発達障害は、もともと 1960 年代にアメリカで生まれた概念です。知的障害およびそれに類する障害のある人々に対する国家的な施策を規定した法律のなかで、発達障害（developmental disabilities）という用語がはじめて使われました。現在でもアメリカでは、発達障害とは知的障害および脳性まひやてんかん、自閉症など知的発達に障害を伴う疾病を指します。

それに対して、現在日本の行政機関やマスコミなど広く一般に使われている発達障害は、発達障害者支援法にもとづくものです。同法第2条において、「「発達障害」とは、自閉症、アスペルガー症候群その他の広汎性発達障害、学習障害、注意欠陥多動性障害その他これに類する脳機能の障害であってその症状が通常低年齢において発現するものとして政令で定めるもの」と定義されています。

発達障害者支援法は、学習障害、注意欠陥多動性障害、高機能自閉症のある人たちへの支援を目的とした法律がなく、行政上の対応が十分なされてなかったことから2004（平成16）年に制定されました。そのため、すでに知的障害者福祉法によって福祉サービスの対象となっていた知的障害は、発達障害者支援法の対象に含まれていません。

また、発達障害者支援法では、「その他これに類する脳機能の障害」について詳しく障害名をあげていませんが、発達障害者支援法施行令及び発達障害者支援法施行規則によって、トゥレット症候群のようなチック障害、発達性協調運動障害や吃音なども発達障害に含まれることになっています。

ところで、世界保健機関（WHO）が 2018 年 6 月に「国際疾病分類第 11 改訂版（ICD-11）」を公表しました。現在使われている第 10 版（ICD-10）は、1990 年に採択されたものなので、約 30 年ぶりの改訂ということになり

ます。ICD-11 では、神経発達症群（Neurodevelopmental disorders）という新しいカテゴリーがつくられました。この神経発達症群には、知的発達症、発達性発話または言語症群、自閉スペクトラム症、発達性学習症、発達性協調運動症、一次性チックまたはチック症群、注意欠如多動症、常同運動症などが含まれています。

　現在の発達障害者支援法では ICD-10 にもとづいて発達障害の定義を作成しています。そのため、今後わが国で ICD-10 に代わり ICD-11 が適用されることになると、発達障害の定義において、たとえば「自閉症、アスペルガー症候群その他の広汎性発達障害」から「自閉スペクトラム症」という疾患名に代わったり、ICD-11 の神経発達症に含まれる疾患が発達障害として規定される可能性があります。

それぞれの障害の特性

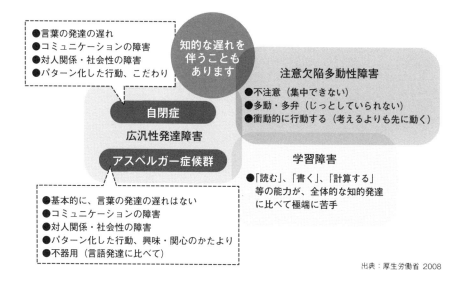

出典：厚生労働省 2008

【引用・参考文献】
厚生労働省「発達障害の理解のために」2008 年
竹下研三「第 1 章 発達障害の概念 第 1 節 障害の概念と歴史」 有馬正高監修、熊谷公明・栗田広編
　『発達障害の基礎』日本文化科学社、1999 年、pp. 2-10

視覚障害のある生徒の理解と支援

1 Eさんのケース

　Eさんは高校2年生の女子です。廊下側の一番前の席に座っています。昨年から急に見えづらくなり、特別支援学校（視覚障害）の教育相談で特別な訓練を受けました。とくに視線が向く視野の真ん中あたりが見えないようで、文章を読むのが難しいとのことです。それでも、登下校や体育の授業、休み時間の校庭での活動には大きな支障はなく、元気に過ごしています。

　Eさんは支援ボランティアが見やすい大きさの文字で作ってくれた拡大教科書と資料集の拡大写本を使っています。それでも、授業がはじまると、教科書に額と鼻をこすりつけるように近づけて見ています。教科書の指名読みでは、ページを探すのに時間がかかり、行を飛ばしてしまったり、一文字一文字たどたどしく読んだりで、大変時間がかかります。担任は眼鏡を掛ければもっとよく見えると思い、聞いてみましたが、眼鏡を掛けても視力は変わらないそうです。

　休み時間は元気で活発なEさん。でも晴れた日の校庭はまぶしいようで、特別なサングラス（遮光レンズ）を掛けるのですが、友達はそれを興味深く見ています。教室でも、テレビやプロジェクターの光は強すぎて見づらいので苦手です。なお、視覚障害のある人々の見え方は一人一人ちがっていて、明るいほうが見やすく、暗いと見づらくなる場合もあります。

　Eさんは見える仲間として友達には接してもらいたい様子で、特別扱いを嫌がります。でも、教科書を極端に近づけて見たり、特別な道具を使ったりするEさんを、周囲の友達はなかなか理解できないままでいます。

　担任はEさんにどのように接していけばいいのか、考えあぐねています。担任も近視があり、見えづらさを理解しているつもりでしたが、眼鏡を掛けてもよく見えないことが不思議に思えました。ホームルームの様子からも、見るのが難しそうなのですが、Eさんは見づらいとか見えないとかを積極的に知らせる様子はありません。

各教科のテストでは、試験時間内に解ききれず、良い点がとれないEさんについて、教科担当の先生たちからも適切な支援や配慮の方法を教えてほしいと求められています。学校の管理職や特別支援教育コーディネーターらと相談を進める必要性を感じています。

2 視覚障害とは

　視覚障害は、眼球や付属器官に生じた病気、変調、傷害などに伴う、①眼鏡などの光学的矯正によっても回復不可能で永続的な視機能（視力、視野、色覚、光覚、眼球運動、調節、両眼視など）の障害、②歩行やコミュニケーション、身辺処理などの活動制限、③社会生活における参加の制約、がある状態の総称です。

　これらの状態は、視覚障害のある生徒が障害に適応している状況（個人因子）や、それらの生徒を取り巻く環境の状況（環境因子）などの背景因子によって変化します。たとえば、点字ブロックや音声案内などが整備され、バリアフリーの環境が整えられれば、視力などの機能障害のレベルに変化がなくても、格段に活動や参加のレベルは向上します。

　教育的な観点からは、視覚障害者の障害の程度は、「**両眼の視力がおおむね0.3未満のもの又は視力以外の視機能障害が高度のもののうち、拡大鏡などの使用によつても通常の文字、図形などの視覚による認識が不可能又は著しく困難な程度のもの**」（学校教育法施行令第22条の3）と定められています。なお、ここにある「両眼の視力」とは、眼鏡やコンタクトレンズで屈折異常を矯正した両眼を用いた状態での視力を指しています。

　18歳未満における視覚障害の状況について、2016（平成28）年の厚生労働省（2018）の実態調査では、全国に5千人程度の視覚障害児・者の存在が推計されています。この値は、人口1万人あたり約2人に相当します。2009（平成21）年9月の文部科学省の実態調査では、視覚障害のある高校生は高等学校（定時制、中等教育学校（後期課程）含む）に540人、特別支援学校高等部に1,295人在籍していました。　前者のうち、8人が点字教科書使用で、118人が拡大教科書使用、414人が通常の検定教科書使用でした。2018（平成30）年4月からは高等学校における通級による指導の制度もはじまり、今後は視覚障害のある生徒が高等学校に入学するケースが増えることが予想されます。

　高校生の年齢段階における視覚障害の原因は先天素因・腫瘍・全身病などで、

そのうち先天素因が最も多く、約6割を占めています（柿澤, 2016）。一方、冒頭のEさんのケースのように、思春期に視覚障害の症状が発現する眼疾患もあり、網膜色素変性症や黄斑変性、視神経萎縮などが知られています。

　視覚障害は、教育的観点からは学習手段にもとづいて盲と弱視に分類します。
- **盲………点字を常用し、主として触覚や聴覚などの視覚以外の感覚を用いて学習する必要のある状態。**
- **弱視……普通文字（活字）を用いた学習が可能であるが、文字の拡大や拡大鏡の使用などの特別な配慮のもとに学習する必要のある状態。**

3 特性とその理解

（1）視覚障害生徒の行動の特性

　視覚に障害があると、空間の広がりを視覚を介して入手することが難しくなります。その結果、行動にさまざまな制約が出てきます。とくに、活字文字や絵などを認知して対処すること（文字処理）、安全に効率よく移動すること（歩行）、日常生活上の諸々の動作をスムーズに行うこと（日常生活動作）に大きな制約があります。

●文字処理

　文字の読み書きは、国語としての学習だけでなく、その他の教科の学習においても基礎となります。ひらがな、カタカナ、漢字、数字などは読み書きの基本ですが、見えづらさのある弱視では正確に覚えるのが難しい場合があります。また、一文字一文字は読めても、文章を読むには時間がかかります。鉛筆を持ち、思うところへ書くことも困難な場合があります。このほか、板書の書写、地図や辞書の利用などの文字処理に難しさを訴えがちです。

　視覚を活用できない盲の人の場合、コミュニケーションや思考を深める手段として、点字や点図、立体コピーが活用されています。点字は、点字盤と点筆を用いて書かれるほか、パーキンスブレイラーなどの点字タイプライターが利用されています。近年ではコンピュータを用いた点字の管理のほか、携帯型の点字端末も利用されており、筆記用具としての利用とともにメールやデータの管理にも利用されています。

盲の人が点字や点図、立体コピーをさわって正しく認識するためには、上手にさわる能力が必要です。点字触読では、指の上下動の少ない、触圧の軽い、左から右への滑らかな手指運動が上手に読む条件となります。図形認識でも、指先で図形をたどり、その形を頭のなかにイメージするために、上手なさわり方が重要な役割を果たしています。

●歩行

　弱視生徒がひとりで校舎内や校庭を移動する際には、移動速度が遅い、教室やトイレが見つからない、階段や段差につまずく、すれちがっても挨拶ができない、集合場所がわからない、集会で先生や友人を見失うなどの困難があります。

　盲生徒の歩行といえば、白杖(はくじょう)歩行が一般的です。このほか、友人による手引き歩行や盲導犬歩行などがあります。簡便性や経済性などの観点から、最も多く利用されているのは白杖歩行です。

　視覚障害のある生徒の歩行用の設備として、視覚障害者誘導用ブロック（点字ブロック）があります。点字ブロックはその有効性が確認されており、校舎内外に敷設されている学校もあります。

●日常生活動作

　日常生活における何気ない動作、たとえば、身だしなみやトイレの利用、入浴、布団の上げ下ろし、食事、身のまわりのものの管理、金銭管理、日常生活で使われる道具の活用、洗濯、料理、裁縫、買い物などについても、視覚障害のある生徒は他者の動作の視覚を介した模倣が難しいため、動作を一つ一つ繰り返しながら、たくさんの時間をかけて覚えています。言葉では知っていても、実際どのような動作なのかを知らないこともよくあります。

（2）弱視生徒の視覚認知の特性

　視覚は認知活動の基礎となります。外界に興味・関心を向けるうえで視覚が果たす役割は大きく、弱視生徒が視覚を通して外界の魅力を把握し、外界へ働きかけるために、「見る力」の獲得が不可欠です。

　弱視の見え方にはいろいろな側面があります。香川（2016）はそれらを次のように分類しています。

　①ピントが合わずに、ぼやけて見えるピンボケ状態

②曇りガラスから見るような混濁状態

③まぶしくて目があけられない暗幕不良状態

④明かりが足りずよく見えない照明不良状態

⑤目が揺れてしまって視線が定まらない振とう状態

⑥視線を向けたところが見えない中心暗点状態

⑦見える範囲が狭い視野狭窄状態

　これらの見え方が単独で存在する場合とともに、いくつかの見え方が重なっている場合もあります。その結果、細部のちがいが見えないために、たとえば、漢字を誤って書き写したり、知り合いとすれちがっても気づかなかったりします。眼前くらいの距離のものしか細部が見えないために、行きたい建物や乗り物の行き先をまちがえたりしがちです。動きが速い虫や動物は姿が見えません。大きな建物は全体像の把握が難しく、部分部分の把握にとどまりがちです。

　その他、眼を近づけたり、レンズなどで拡大したりして見た場合には、対象を分割して見ることになり、まとまりとしての理解が難しくなります。

　環境の状態によっても、見え方に変化が起こります。たとえば、昼間明るい場所ではとくに困難がなくても、夕方や夜に暗くなると見えづらさが増して、読書や歩行が難しくなり、支援が必要になることがあります。逆に、薄暗い部屋のなかでは支障なく本が読めても、明るい屋外ではまぶしすぎて見えないこともあります。弱視生徒一人一人について、その見づらさの状態を随時確認することが大切です。

　なお、弱視生徒が示すこのような行動の特性から、視覚障害のない生徒と比較すると、さまざまな学習場面で長い時間と丁寧な指導が必要となります。漢字や図形の細部を誤って覚えたり、理科の実験などで参加したがらなかったりするのは、学力が低かったりなまけているわけではなく、多くは見づらいことに起因しています。

4　教員としての支援や配慮

（1）学級担任と特別支援教育コーディネーターの役割

　支援内容を検討する際に最初に行うことは、必要な支援の内容を本人に直接確認することです。高等学校段階の生徒は、使いやすい文字の大きさや字体の

種類や見やすい環境などを自ら理解できていることが多いので、生徒に直接尋ねてください。生徒自身がうまく伝えられない場合には、保護者の意見と中学校で作成された「個別の教育支援計画」の内容にもとづき、後述する具体的な支援・配慮の項を参考にして、本人と話し合います。

　また、高等学校に入学後に視覚障害となった場合は、生徒が困っている内容を聞き、支援や配慮内容を考え、実行し、再び生徒の意見を聞いて、最適な支援内容をめざします。

　弱視の生徒のなかには、特別扱いを好まずに、表だった支援を拒む生徒もいます。その場合、無理強いは厳禁です。しかし、生徒がもっている能力を最大限に引き出すために支援が必要となることもありますので、支援の必要性を説明し、生徒自身が納得したうえで進めます。

　また、支援は進路を見据えて行うことが大前提です。視覚障害のある生徒が自身の可能性を狭めることのないように注意を払って、支援内容を決定していきます。

　周囲の生徒や教員たちに視覚障害についての理解を深めてもらう取り組みも必要です。視覚障害当事者である生徒が自身のことを説明できることが理想ですが、うまく説明できない場合は、最寄りの特別支援学校（視覚障害）に相談してください。専門的なアドバイスをもらえます。

　支援や配慮を行った際は、「どのような支援や配慮を行ったのか。そのときの生徒の反応などの様子はどうだったか」などを記録しておき、「個別の教育支援計画」や「個別の指導計画」などの作成の際に活用します。

（2）教科担任

　学級担任と特別支援教育コーディネーターが本人とともに決定した支援内容に従って、支援や配慮を行います。容易に取り組むことのできる支援（資料を拡大コピーするなど）と難しい支援（専門の機材を使って教材を作る）があります。すべてを完全に行うのではなく、教材作成時に資料を拡大することに加え、見やすくなる工夫を少し取り入れてみることからはじめることが大切です。

（3）学習上の支援や配慮
●社会的資源

　視覚障害の生徒の教科書は、通常教科書のほかに拡大教科書（教科書会社か

第6章——視覚障害のある生徒の理解と支援

ら出版されているものと、拡大写本ボランティアが個別に作成しているものがある）
や、点字教科書があります。

拡大写本とは、教科書を含む読み物の文字や絵を手書きやパソコンを活用し
て、生徒が読みやすくなるように工夫したものです。出版されているすべての
教科書に対して拡大教科書や点字教科書が用意されているわけではありません
ので、入手の可能性について各都道府県の教育委員会に問い合わせます。

なお、視覚障害のある生徒の教科用特定図書など（拡大教科書など）を制作
する学校やボランティア団体などは、教科書デジタルデータの提供を受けるこ
とができます。教科書デジタルデータの入手は、文部科学省のHPより申請を
行い、教科用図書発行者がデータ管理機関に提供したデータを申請者が受け取
ることになります。

●生徒が使用する道具

弱視生徒自身が見やすさを
補うために使用する道具には、
近くのものを見るためのルー
ペや拡大読書器、特別な望遠
鏡（単眼鏡）やタブレット端
末などがあり、視覚補助具と
呼んでいます。

携帯型拡大読書器

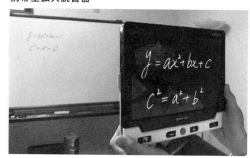

協力：株式会社システムギアビジョン

スタンド型ルーペ

単眼鏡

スタンプ
ルーペ

手持ちルーペ
LED付

携帯用ルーペ

協力：株式会社朝倉メガネ

（4）弱視生徒への支援

●教材

弱視生徒に見やすい教材として、以下のことに注意を払います。

- ワープロソフトなどで教材を作成する場合は、生徒の見やすい書体やポイント数を使用します。新聞記事や既存の印刷物を教材にする場合は、コピー機の機能の拡大率のなかで生徒の見やすいものを、あらかじめ調べておくようにします。
- 図表は内容に含める視覚情報を2種類ぐらいに絞って単純化し、不要な情報は除去します。
- 紙の色やインクの濃さなどに注意します。黒背景に文字を白くする（白黒反転）ことで、見やすくなる生徒もいます。
- 緑や赤や青などの鮮明な色を使い、ちがう色が隣合わせになっているときは、色と色のあいだに境界線を入れます。

●実技

手順や道具の配置などについて事前に説明があると、活動全体に見通しをもつことができ、生徒は安全に実技にかかわることができます。たとえば、体育は運動内容の動作を口頭で細かく説明することに加え、教員の身体にふれさせたり、本人の身体にふれながら正しい動作を指導していきます。

理科は、実験の前に器具を確かめ、使い方を練習し、実験の目的と手順をしっかり理解できるよう指導していきます。見え方に応じて、行うことが困難な実技は、生徒と話し合って対応方法を検討します。

●板書

読み上げながら板書をすることで、生徒はノートがとりやすくなります。

黒板の色とコントラスト差が大きい色のチョークを使用することで、生徒の見やすさは大きく向上します。たとえば、緑色の背景ならチョークの色は白や黄色を用い、赤や青は避けます。ホワイトボードで白が背景なら、黒や赤、青を用い、黄色は避けることで、見やすさが向上します。

●環境

ロッカーの扉を開けっぱなしにしないことや、廊下や通路の真ん中に物を置かないことなどを徹底し、階段の階数を大きく表記をしたりすることで、安全

に校内を移動できます。また、教室表示を見やすい高さにしたり、教室表示に点字シールを貼ったりすれば、生徒本人が教室名を確認することができます。

弱視生徒の見え方によっては、明るさを段階的に調節できる調光式の卓上ライトを置いたり、カーテンや暗幕を閉めるなど明るさの調節が必要になります。また、段差は段の縁に色を塗ったり、掲示物などは前述の「板書」の配慮事項を参考にして配色を工夫することで、生徒本人が確認できるようになります。

●移動

校内の移動について、はじめは教室の配置、トイレ、階段の位置を説明します。その際、最初に玄関から自分のクラスの教室の位置を説明し、次に自分の教室から各教室などの配置を説明します。その後、空間のイメージができるように一緒に歩きながら、危険箇所や見やすい表示などの確認もあわせて行います。

●試験

定期試験については、大学入試センターの配慮が参考になります。弱視生徒の試験時間は視力や視野の程度により、1.3 倍に延長されています。試験問題の文字は生徒の見やすい書体や大きさで作成します。内容については、基本的には通常の問題と同じでよいのですが、可能であれば、「教材」で記した配慮事項を参考に試験問題を作成したり、問題の本文の傍線部などをマーカーで強調するなどの配慮をしたりすれば、効率よく問題を解くことができます。

●判断する力の育成

支援をしながら、次の3つのことを判断する力を生徒につけていくことが肝心です。「自分ひとりの力で、できることは何か」「周囲の人の支援を得て、できることは何か」「周囲の人にお願いして、できることは何か」。

これらのことを判断する力を育成するために、生徒自身が考える場面を増やしていきます。

（5）盲生徒（点字を使用する生徒）への支援

盲生徒の教材は、普通文字を点字に訳したり、浮き出た点で図を表す点図など、生徒がさわって理解できる教材を作成する方法や、文章をテキストファイ

ルにしたものをパソコンの読み上げソフトを活用して本人が耳から情報を入手するという方法などがあります。

　また、筆記具には、点字盤、直接点字入力できる機械であるブレイルメモ、音声の読み上げソフトを利用したパソコンなどがあります。移動には白杖を用いますが、教室表示に点字シールを貼ったり、廊下に物を置かないようにするなどの配慮があると、単独で安全に移動ができるようになります。

　試験は、大学入試センターの配慮内容では、点字による教育を受けている者には点字問題を提供するとともに、その時間を1.5倍に延長することになっています。

　盲生徒の支援は、専門的な知識や技術がよりいっそう必要になるため、まずは特別支援学校（視覚障害）に相談するようにしてください。

（6）卒業後の進路について

　卒業後の進路としては、大きく分けて、就職する場合と進学があります。

　就職する場合は、生徒の見え方により、通常の生徒と同じような就職先と「障害者枠」での採用を行っている就職先に分かれます。高校卒業後、すぐに働きたいが、働くための技術が身についていない場合は、都道府県にあるリハビリテーション施設や職能開発センターなどに入所し、職業訓練を受け、就職につなげていく方法もあります。

　進学の場合は、その進路として、通常の大学に加えて視覚障害者と聴覚障害者のための大学（筑波技術大学）や、各都道府県に設置されている特別支援学校（視覚障害）の専攻科があります。専攻科には、按摩・マッサージ・指圧師、鍼師、灸師、柔道整復師、理学療法士を育成するための課程のほか、音楽の専門教育を行うための課程などもあります。

5　専門機関との連携

　高等学校では、特別支援学校（視覚障害）の指導領域である自立活動の時間がないため、自立活動の目標「個々の生徒が自立を目指し、障害による学習上又は生活上の困難を主体的に改善・克服するために必要な知識、技能、態度及び習慣を養い、もって心身の調和的発達の基盤を培う。」（特別支援学校高等部学習指導要領 第6章）のための指導を行うことには難しさがあります。そこで、たとえば視覚補助具の活用やパソコンの操作方法、歩行などの自立活動的な内

容は、最寄りの特別支援学校（視覚障害）に相談し、専門的なアドバイスを
もらってください。

　また、入学当初から、視覚障害に起因した、学習や生活を行ううえでの困っ
ている様子が目につく場合は、なるべく早く専門機関から自立活動の内容の支
援を受けることが大切です。生徒に提供する教材の作成が難しい場合も、視覚
障害の支援に特化した外部団体（拡大写本ボランティアや点訳サークルなど）や
特別支援学校（視覚障害）に支援を要請することが選択肢となります。

【引用・参考文献】

青木隆一・神尾裕治監修、全国盲学校長会編著『新訂版 視覚障害教育入門 Q&A ――確かな専門性の
　基盤となる基礎的な知識を身に付けるために』ジアース教育新社、2018 年、pp. 66‐67、pp. 200
　‐201

独立行政法人大学入試センター HP（2019 年 11 月 1 日閲覧）

香川邦生『五訂版　視覚障害教育に携わる方のために』慶應義塾大学出版会、2016 年

香川邦生・千田耕基編『小・中学校における視力の弱い子どもの学習支援――通常の学級を担当され
　る先生方のために』教育出版、2009 年

柿澤敏文「全国視覚特別支援学校及び小・中学校弱視学級児童生徒の視覚障害原因等に関する調査研
　究‐2015 年度調査‐報告書」筑波大学人間系、2016 年

厚生労働省「平成 28 年生活のしづらさなどに関する調査（全国在宅障害児・者等実態調査）結果の
　概要」2018 年、p. 2

宮本信也・竹田一則編著『障害理解のための医学・生理学』明石書店、2007 年

文部科学省「小・中・高等学校等に在籍する弱視等児童生徒に係る調査の結果について」2009 年、p. 5

大塚玲編著『インクルーシブ教育時代の教員をめざすための特別支援教育入門（第 2 版）』萌文書林、
　2019 年

佐藤泰正編著『視覚障害心理学』学芸図書、1988 年

シリーズ 視覚障害者の大学進学 別冊「視覚障害学生実態調査報告書（平成 29 年 6 月 29 日改訂）」
　全国高等学校長協会特別支援学校部会・全国高等学校長協会入試点訳事業部・全国盲学校長会大学
　進学支援特別委員会、2017 年、p. 72

ウェブサイトの活用案内

◆視覚障害リハビリテーション協会〈全国盲学校一覧〉
　https://www.jarvi.org/schools_list/
　福祉・教育・医療が連携して、視覚障害者を支援するための情報を掲載しているサイト。

◆文部科学省〈教科書のデジタルデータの提供について〉
　https://www.mext.go.jp/a_menu/shotou/kyoukasho/kakudai/1246126.htm
　教科書デジタルデータの提供を受けるための申請方法が掲載されている。

◆全国拡大教材制作協議会
　http://www.kakudaikyo.org/index.html
　弱視の児童生徒に対して、見え方に適合した拡大教科書を製作する全国のボランティアをつな
　ぐ団体のサイト。

　色を見分ける能力である色覚に障害のある人は男性の20人に一人、女性の数百人に一人といわれています。男性ではおおむねクラスに一人在籍する勘定です。このように色覚に障害をもつ人は存外多いのです。

　人の眼には色をとらえる細胞が3種類あります。それぞれの最大感度が赤、緑、青の波長に対応するL（赤）錐体、M（緑）錐体、S（青）錐体です。S錐体の感度を決める遺伝子はほとんどの人に差がなく、障害に結びつきません。ところが、L錐体とM錐体の感度を決める遺伝子には多くのタイプがあり、L錐体の感度特性がM錐体に似ている人や、M錐体の感度特性がL錐体に似ている人がいます。これらの人々は3種類の錐体をもつものの、その色覚に特徴があることから、異常3色覚（色弱）と呼ばれます。

　さらに、L錐体とM錐体の感度特性がまったく同じ、すなわち、いずれか一方の錐体がない2色覚（色盲）と呼ばれる状態があり、L錐体がない状態とM錐体がない状態に区分されます。異常3色覚であれ、2色覚であれ、赤・橙・黄・緑の色のちがいにわかりづらさをもっています。

　色覚に障害があっても、24色の色鉛筆は全部ちがう色に見えます。しかし、各色名を答えることに難しさを訴える人はたくさんいます。絵の具や色鉛筆、クレヨン1本1本に色名を書くことで、うまく使いこなせるようになります。

　板書のチョークの色は、黒板の黒緑の背景に赤は見づらい場合が多く、「白、黄、必要な場合に青」を使います。テレビやパソコン画面などの発光色では、緑・黄・オレンジ・赤の区別がつきづらく、似た色に見えます。濃い赤は画面背景の黒と区別がつかず、何も書いてないように感じます。そのため、発光色では「白、青、朱赤」を用いるようにします。

　教材作成では、色と色の境に区切り線を加えたり、色の濃さや鮮やかさで差をつけたり、形や網掛けで区分します。

　色覚や色覚障害、色のユニバーサルデザインについて、「東京都カラーユニバーサルデザインガイドライン」のHPが参考になります。

聴覚障害のある生徒の理解と支援

1 Fさんのケース

　Fさんは人工内耳を装用している高校2年生です。発音は明瞭で、対面でのコミュニケーションに難しさを感じることは少なく、授業に関する情報保障（p.90）などの支援やサポートについて、本人からの要望は学校に伝えられていません。人工内耳を使っているため、自分には支援やサポートは必要ないと考えているようです。

　Fさんは交友関係が広いとはいえませんが、友人とトラブルになることはあまりなく、いつもニコニコしていて控えめな様子です。担任から見ても、とくに学校生活で困っていたり難しさを抱えていたりする印象はありませんが、このところ成績が奮わない様子が気にかかっています。

　教科担当の先生にFさんの授業の様子を聞いてみると、授業中の発言が少ないことや、先生の問いかけに「わかりました」とうなずいているものの内容を取りちがえていたりすることが多いことがわかりました。また、英語への苦手意識が強く、「聞く（listening）」「話す（speaking）」の活動は最も苦手だったり、グループで行うような学習活動にもあまり参加できていないようです。

　現在、学校にはFさん以外の聴覚障害の生徒はいません。Fさんは中学校まで通常の学校で学んできており、特別支援学校（聴覚障害）や通級指導教室などへも通ったことはありませんでした。そのため、情報保障などを受けた経験も、自分以外の同年齢や成人の聴覚障害者と交流した経験もないそうです。

　また、まわりの人たちにFさん自身の聞こえの状況を伝えていないようで、同級生のなかにはFさんが聴覚障害であることを知らない生徒もいるようです。

　Fさんは大学進学を希望しています。担任は大学進学を含めた将来のためにも、Fさんへのサポートをどのように行ったらよいのか考えることが必要だと感じています。大学入試の際の特別措置や、大学で行われている情報保障の状況なども参考に、Fさんと話をしてみようと考えています。

2　聴覚障害とは

聴覚障害とは、聴覚の構造や機能が十分に機能せず、音声が聞き取りにくい、あるいは聞き分けにくい状態のことをいいます。生まれつき聴力に障害がある子どもが生まれる確率は 1,000 人に 1 〜 2 人であり、聴覚障害の子どもの 90％は、聞こえが正常な両親から生まれるといわれています。

聴覚障害の原因は遺伝的な要因のほか、聴覚機能の奇形や感染（風疹、サイトメガロウィルス感染、トキソプラズマなど）、早産、出生後の頭部外傷、幼少期の感染症（髄膜炎、麻疹、水痘など）、耳毒性薬物（ストレプトマイシンやカナマイシンなど）、中耳炎、メニエール病、騒音、加齢などがあげられます。

また、新生児聴覚スクリーニングの実施により、先天性の重度の聴覚障害だけではなく、軽度から中等度の聴覚障害も早期に発見することが可能となっています。

（1）聞こえのしくみ

空気の振動である「音」は外耳道を通り、鼓膜を振動させ、耳小骨（ツチ骨・キヌタ骨・アブミ骨）によって増幅され、効率的に内耳へと送られます。内耳へ送られた振動は、蝸牛の中の有毛細胞によって電気信号である神経インパルスに変換され、聴神経を経て大脳皮質の聴覚野に到達し、はじめて音声として認識されます。

各々の器官が担う機能の特徴から、音を物理的振動として伝達する外耳から中耳を「伝音系」、物理的振動を電気的信号に変換して脳へ伝達する内耳以降を「感音系」と呼びます。

（2）聴覚障害の分類

聴覚障害は、障害の生じた時期や聴覚にかかわる器官が機能しない部位（障害の部位）、聞こえの程度によって分類されます。

●障害の生じた時期

出生前に障害を受けたものを先天性難聴（遺伝性、薬の副作用、ウィルス感染など）、出生後に障害を受けたものを後天性難聴（中耳炎、はしかなどの高熱、頭部の怪我、突発性難聴、加齢など）と呼びます。後天性難聴は、音声情報の制

約が音声言語の習得に影響を及ぼすことを考慮して、音声言語の習得の前後によっても分けられます。

●障害の部位

鼓膜や中耳など伝音系の器官に病変がある難聴を**伝音難聴**、内耳や聴神経の感音系の器官に病変がある難聴を**感音難聴**、伝音難聴と感音難聴の合併を混合難聴と呼びます。

伝音難聴は、最大60dB程度で、手で耳をふさいだように音が小さくなるような聞こえを示します。一方、感音難聴は、音の聞こえる範囲が狭まったり、小さな音は聞こえないものの音を大きくすると響いたり、音の歪みや音がわれるような聞こえになるといわれています。つまり、小さい音が聞こえないだけではなく、大きすぎる音に対する過度な敏感さ（補充現象）や、音として聞き取れるが言葉の聞き分けの難しさ（音声受聴明瞭度の低下）がみられます。

●聞こえの程度

どのくらいの大きさの音（dB）を聞き取ることができるかによって、軽度難聴、中等度難聴、高度難聴、重度難聴に分類されます（表7−1）。

【表7−1】聴覚障害の程度と音の大きさ

分類	聴力レベル （平均聴力レベル）	障害等級	きこえの状況等と日常生活の音
軽度難聴	25dB以上〜 40dB未満	該当しない	• 小さな声や騒音下での会話の聞きまちがいや聞き取りが難しい • テレビの音を大きくする （例）新聞をめくる音／コオロギの鳴き声／静かな事務所や図書館
中等度難聴	40dB以上〜 70dB未満	該当しない	• 普通の大きさの声の会話の聞きまちがいや聞き取りが難しい • 自動車が近くまで来て、はじめて音に気づく （例）普通の会話／静かな車の中
高度難聴	70dB以上〜 90dB未満	70dB〜：6級 80dB〜：4級	• 非常に大きな声でも正しく聞き取れない • 補聴器を用いないと会話が聞こえない。聞こえても聞き取りには限界がある （例）大声の会話／セミの鳴き声／電車の中／電車の通るガード下
重度難聴	90dB以上	90dB〜：3級 100dB〜：2級	• 補聴器でも聞き取れないことが多い • 人工内耳装用も考慮される （例）自動車の警笛／飛行機のジェット音 　　（130dB以上は耳が痛くなる）

出典：日本聴覚医学会による分類を参考に筆者作成

図7-1は日常生活の音の状況を示したもので、図中の破線部分はスピーチ
バナナと呼ばれる会話音声範囲を示しています。一般的に、子音は母音に比べ
て周波数が高く音が小さいため、聞き取りが難しいといわれています。また、
子音のなかでも、とくに無声子音のタ行、サ行、ハ行、カ行などは高音域であ
るため、聴覚障害の人にとっては聞き取りが難しく、聞き誤りが生じやすくな
ります。

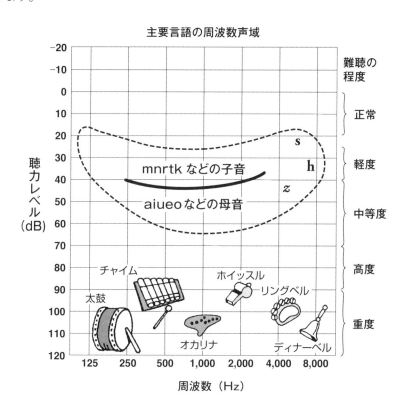

【図7-1】聴覚障害の程度と音の大きさ　　　　　　　　　　出典：加我 2014 を一部改変

（3）補聴器と人工内耳

　聴覚障害のある子どもの音声言語情報の制約を軽減するための機器として補
聴器や人工内耳が活用されます。**補聴器**は、マイクで受けた音を増幅し、イヤ
ホンから音を出すものです。補聴器を有効に活用するためには、一人一人の聞
こえの状態に合わせて音質や音量を調整（フィッティング）することが必要で

す。また、補充現象（音が小さいときは聞こえないが、聴力域値を超えた途端に急激に大きな音を感じる）やハウリング現象（補聴器からの音漏れ、耳型を入れ直したり、補聴器のボリュームを落とすとおさまる）にも留意が必要です。

　人工内耳は、蝸牛に埋め込んだ電極で聴神経を刺激し、中枢で音声を感じさせるものです。マイクから入力された音声は、スピーチ・プロセッサで語音識別に有用な情報が抽出され、聴神経へと伝えられます（図7-2）。開発当初は中途失聴の成人に適用されていましたが、小児に対する保険適用も認められるようになり、人工内耳を装用する子どもも増えてきています。

　補聴器も人工内耳も機器の性能が飛躍的に発展していますが、聞こえる人と同じような聞こえを補償するものではありません。適切な言語環境と言語指導が不可欠であることに留意すべきです。

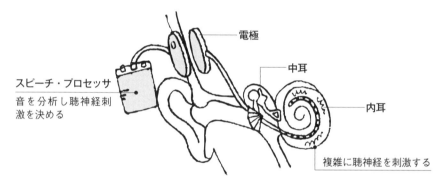

出典：チルドレン・センター（東京）・舩坂 2002 を一部改変

【図7-2】人工内耳

（4）コミュニケーション方法

　補聴器や人工内耳を装用していても、個々の聞こえの状況は異なり、音声情報の活用に難しさがみられます（表7-2）。補聴器や人工内耳を効果的に活用している子どもであっても、図7-1にも示したような高音域の音（タ行、サ行、ハ行、カ行など）の聞き取りが難しくなる傾向があります。

　スムーズかつ確実に伝えるためには、視覚的な情報も利用しつつ、複数のコミュニケーション方法を組み合わせることも重要です。また、身振りやジェスチャー、スマートフォン、タブレット端末（iPadなど）も活用できます。情報を伝える場の状況やコミュニケーションの目的によってその方法も異なってき

【表7-2】 聞こえの模式図

実際の音の状態	聞こえる人	補聴器や人工内耳を活用する聴覚障害の人	
		かなりできる人	困難な人
あ	あ	あ　小さい音は拾いにくい	聞こえない
あ	**あ**	**あ**　感音性難聴では、音が明確に脳に届かないことが多い。	
あ（雑音）	あ	あ	
雑音	脳の働きにより雑音を低減させ、必要な情報を拾い出して聞く。	雑音を低減させ、必要な情報を拾い出して聞くことが難しい（補聴器や脳の働きの「限界」による）。	
SI TI HI KI	SI TI HI KI	SI TI HI KI　SI TI HI KI 「S」や「H」の部分は高音なので、聴覚障害が軽度でも聞き取りにくい。重度の場合は、母音部「I」も聞き取りにくい。	

出典：脇中 2009 を一部改変

ますので、一人一人のニーズを把握することも必要です。

●読話

　読話とは話し手の口の動きを見て言葉や話の内容を理解する方法です。補聴器や人工内耳の活用のときだけではなく、手話を使用するときにも使います。「たまご／たばこ」「おにいさん／おじいさん」）「一（いち）／七（しち）」などのように、口形が同じ言葉の読み取りは難しく、口の動きも曖昧なことが多いため、読話だけで相手の話のすべてを理解することはできません。

　しかし、聴覚障害者にとっては、読話もコミュニケーションに必要な方法のひとつとなります。相手に口の形が見えるように光のあたるほうに顔を向けたり、話をしているときには口元を隠さないようにするなど配慮が重要です。

●筆談

　文章に書いて伝える筆談も、確実に情報を伝える方法のひとつです。できるだけ短文で、二重否定や比喩などのまぎらわしい表現は避けるなどの工夫をすると伝わりやすくなります。また、状況に応じて、文章に書き起こさなくても、

重要な内容に関するキーワードを示すだけでもわかりやすくなります。筆記用具がない場合には、手のひら書きや空書（そらがき、くうしょ）という方法もあります。

● 手話・指文字

　手話は、日本手話と日本語対応手話、中間型手話に分類されます。**日本手話**とは日本語と異なる文法体系をもつ視覚言語であり、手や指、腕などの手指動作だけではなく、視線や眉の動きなどの非手指動作も重要な文法要素となります。

　それに対して、**日本語対応手話**とは、日本語の文法に沿って日本語を手指化したものです。そして、日本手話と日本語対応手話が入り混じった手話を中間型手話と呼ぶことがあります。聴覚障害者ごとに、どのような手話を使用するかは異なります。

　指文字は日本語の五十音に対応しているサインです。手話単語で表現できない語などを指文字で表すこともできます。

3　特性とその理解

　聞こえないことによる音声情報の制約は、コミュニケーションや言語発達、学力、社会性など多岐にわたり影響を及ぼすと考えられます。

（1）日本語（書記言語）の習得

　音声情報の制約により、聴覚障害の子どもは日本語（書記言語）の習得に難しさがみられることがあります。一般的に、習得語彙が少ない、多義的な意味をもつ言葉の理解の難しさ、助詞などの誤用が多い、複雑な構造の文章を理解することと書くことの難しさ、漢字の読み誤り、作文の内容が事実描写にとどまって広がりが乏しいことなどが指摘されています。このような日本語（書記言語）の習得に関する難しさは、軽度および中等度の聴覚障害の子どもにもみられることが指摘されています。

（2）学力

　（1）の日本語（書記言語）の習得との関連から、学習の難しさがみられることがあります。**9歳の峠（壁）**という言葉に象徴されるように、抽象性の高い

論理的な内容を理解することが難しく、多岐の教科にわたり成績が伸び悩むこともあるといわれています。また、「耳学問」といわれるような、日常的に意識せずに入ってくる音声情報も含めて、ほかの人から知識を得ることが難しい側面がみられます。

（3）社会性

　コミュニケーションがうまくとれないことにより、友人関係を築くことが難しい場合もあり、クラスメイトとのトラブルも生じやすくなります。その結果、自信を失ったり自尊心を傷つけられたりして、社会適応に影響を及ぼすことも少なくありません。自己を確立するためには、自身の困難やその解決方法を相手に説明し、周囲とともに困難の解決に向かう力が不可欠で、「聞こえないという自分を肯定的にとらえ、どのような対処が必要かも含めて、聞こえないことを周囲に説明し、理解を求める力」（**障害認識**）を育むことが重要です。

4　教員としての支援や配慮

（1）授業における支援や配慮

●教室環境の調整

教室内の騒音や反響音

　静かな図書館であっても、考えている以上に騒音が存在します。机や椅子のガタガタ、ギシギシする音や教室内の反響音は聞き取りを妨げる騒音となります。椅子や机の脚に靴下などを利用したカバーを被せたり、カーテンなどを利用する手立てが有効です。

座席位置

　読話は、聴覚障害の生徒にとって情報を得るための重要な方法のひとつですが、口元をずっと見続ける負担はとても大きいことを理解してください。先生の顔が逆光にならず、自然な姿勢で口元に注目できるよう座席位置を配慮します。一般的には、中央あるいは窓側の2〜3番目の席は先生の口元が見やすく、クラス全体の動きも視野に入れやすい座席位置だといわれています。授業内容や活動に応じて、机をコ字型に配置すると、誰が発言しているのかわかりやすく、発言者の口元も見やすくなります。

また、最近では、パソコンでのプレゼンテーションを取り入れた授業も増えていますが、手元の資料とスクリーン、話し手の口元と視線の移動が多くなると、情報の把握が難しくなります。できるだけ視線を移動しなくてもよいように、スクリーンと話し手の位置を工夫します。聴覚障害生徒と相談しながら、どのような配置が適切かを確認していくことが大事です。

●情報保障

　情報保障とは、情報の取得が難しい人に対して代替手段を用いて情報を取得できるようにすることです。一人一人、情報保障のニーズが異なるため、活動の内容も考慮して適切かつ実施可能な方法を選択することがとても重要です。

（ 伝わりやすい話し方 ）

　話し方にも配慮が必要です。文脈がわかるように口形を見せながら、少しゆっくりと大きな声で話すほうが聞き取りやすいようです。また、3人以上のグループによる活動などへの参加も難しくなります。話し合いのルールを決める（話し手がわかるようにする、複数の人が同時に発言しないなど）、騒音の少ない別室を用意する、結果だけを知らせるのではなく、活動のプロセスがわかるようにするなどの配慮により、積極的な参加がうながされます。

（ 板書 ）

　授業の流れがわかるような板書を工夫することで、授業の内容について理解も深まります。授業で扱うキーワードや重要語の提示、指示を聞き逃しても自分で確認できる指示ボードの活用（今進行している活動に関する教科書などのページや指示内容を記載できる小型のボードなど）、口頭で説明する内容に関する補足資料も有効で、授業の見通しが立ちやすくなります。

　また、聴覚障害生徒は、聞きながらノートをとるなどのような複数の活動を同時に進めることが難しいため、板書をとる時間も十分に確保してください。

（ 補聴援助システムやパソコン要約筆記など ）

　補聴器あるいは人工内耳を活用していても、騒音下や話し手と距離が離れていると、その活用に限界が生じます。その対応として、補聴援助システムや**パソコン要約筆記**（パソコンノートテイク、パソコン通訳などとも呼ばれます）、**ノートテイク**、OHCノートテイク（オーバー・ヘッド・カメラによるノートテイク）などの方法が有効です。

【図7-3】FM 補聴援助システム   出典：大沼ほか 2017

　補聴援助システムとは、話し手の距離が離れていたり、騒がしい場所や反響の多い場所など、聞き取りが難しい場合に活用できるシステムです（図7-3）。よく使用されているシステムとしては、FM 補聴援助システムやデジタル無線方式補聴援助システム、磁気誘導補聴援助システムなどがあります。

　FM 補聴援助システムは、イヤホンとマイクがセットになっており、FM 電波を通して話し手の声を補聴器や人工内耳に取りつけた受信機に送るというものです。ただし、聞こえる子どもと同じような聞こえがこれらのシステムの活用で補償されるわけではないので、配慮が不要ということではありません。

　一方、パソコン要約筆記やノートテイク、OHC ノートテイクは音声情報を文字に起こすという方法です。パソコン要約筆記はノートテイクよりも情報量が多いものの、数式や記号、図形などの入力が難しいという側面があります。

　このほかの方法として、音声認識の技術の活用や手話通訳などもあります。

その他

　音声情報の聞き取りが難しいために、周囲の状況の把握が困難な場合もあります。たとえば、バスケットボールの試合でホイッスルを鳴らしながら旗を振るなどのように、音を視覚的に確認できるような配慮は有効です。

　また、聴覚障害生徒の多くは校内放送やテレビ、CD、電子音などの音声情報の聞き取りが困難です。とくに、災害時の緊急放送などをどのように伝える

べきかを事前に考えておくことは不可欠です。同様に、英語の授業で行われる
リスニングなどの聞き取りも難しくなることがあり、個々の聞こえの状況によ
り、騒音が少ない別室での対応やイヤホンの使用などが必要なこともあります。
大学入試センター試験の聴覚障害生徒への対応なども参考にして、配慮の方法
を検討するのも一案です。

（2）社会に出るための支援や配慮

　通常の学校で学んできた聴覚障害生徒のなかには、自分がどれだけ聞こえて
いるか、どれだけ聞こえていないか、情報をどれだけ取りこぼしているかとい
うことへの認識が薄く、自分の支援ニーズに気づいていない生徒もいます。ま
た、自分が聴覚障害であるということを知られたくないと思う生徒や、手話に
対する拒絶感を示す生徒もいます。

　しかし、社会の入口に向かう段階であることを考えると、①正確な情報伝達
を意識する力、②自分の聞こえの状態やコミュニケーションの特徴について理
解し、その限界と可能性を知る力、③周囲に自分の聞こえの状態を説明し、必
要な支援を依頼し調整できる力を育めるような支援は、その生徒の将来にとっ
て欠かすことのできない重要な力（障害認識）であるといえます。

　また、聴者（聞こえる人）の世界で育っている聴覚障害生徒のなかには、自
分以外の聴覚障害者との出会いがないまま育っている者も少なくありません。
自分と同年齢の聴覚障害生徒との交流や、モデルとなる聴覚障害成人との交流
の機会を設けることもとても重要です。自分以外の聴覚障害の人に出会うこと
によって、お互いの悩みを共有したり、本人が気づいていなかった支援ニーズ
に目を向けるきっかけにもつながります。

5　専門機関との連携

　通常の学校に在籍する聴覚障害生徒は、自立活動の指導を受けた経験やその
知識、障害認識が個々によって異なっています。上述の支援や配慮で記載した
ような内容については、通常の学校だけで対応することが難しい内容も含まれ
ています。日本聴覚障害学生高等教育支援ネットワーク（PEPNet–Japan）な
どの情報も参考にしつつ、特別支援教育コーディネーターなどの教員を中心と
して、特別支援学校（聴覚障害）との連携に努めていくことが望まれます。

【引用・参考文献】

チルドレン・センター（東京）編、舩坂宗太郎監修『お母さんとトレーナーのためのよくわかる人工
　内耳装用児の言語トレーニング』学苑社、2002 年、p. 10

加我君孝（編集）『新生児・幼小児の難聴──遺伝子診断から人工内耳手術、療育・教育まで』診断
　と治療社、2014 年、p. 137

日本聴覚障害学生高等教育支援ネットワーク（PEPNet-Japan）「聴覚障害学生サポートブック─18
　歳から学ぶ合理的配慮─」編集グループ『聴覚障害学生サポートブック─18 歳から学ぶ合理的配
　慮─』筑波技術大学障害高等教育研究支援センター、2018 年

日本聴覚障害学生高等教育支援ネットワーク（PEPNet-Japan）「トピック別聴覚障害学生支援ガイ
　ド　PEPNet-Japan TipSheet 集」編集グループ『トピック別聴覚障害学生支援ガイド　PEPNet-
　Japan TipSheet 集（改訂版）』筑波技術大学障害高等教育研究支援センター、2018 年

大沼直紀（監修著）、立入哉・中瀬浩一編著『教育オーディオロジーハンドブック──聴覚障害のある
　子どもたちの「きこえ」の補償と学習指導』ジアース教育新社、2017 年、p. 234

白井一夫・小網輝夫・佐藤弥生編著『難聴児・生徒理解ハンドブック──通常の学級で教える先生
　へ』学苑社、2009 年

脇中起余子『聴覚障害教育これまでとこれから──コミュニケーション論争・9 歳の壁・障害認識を
　中心に』北大路書房、2009 年、p. 9

> ### ウェブサイトの活用案内
>
> ◆日本聴覚障害学生高等教育支援ネットワーク（PEPNet-Japan）
>
> http://www.pepnet-j.org
>
> 全国の高等教育機関で学ぶ聴覚障害学生の支援のために立ち上げられたネットワーク。聴覚障害
> に関する基礎知識や支援方法など多岐にわたる情報を確認できる。

高等教育機関での障害学生支援

　高等教育機関（大学、短期大学、高等専門学校）での障害学生支援は、高校までとは異なり、基本的には、本人の能力やスキルを伸ばすための教育的な「支援」ではなく、障害の有無にかかわらず、公平な状態で修学できるようにするための**環境調整**が行われます。このような環境調整は、障害者に対する権利保障の考えにもとづくもので、**合理的配慮**と呼ばれます。

　合理的配慮を希望する場合、本人がその具体的な内容を学校に伝え、機能障害と合理的配慮の内容との妥当性を客観的に証明する根拠資料（たとえば、医学的な診断書や意見書、障害者手帳、心理検査の結果、これまでの支援記録など）を提出し、進学先の学校と具体的な相談を行います。このような合理的配慮は、各学校の入試や大学入試センターにおいても同様に実施されています。

　一部の学校では、合理的配慮とあわせて教育的支援の一環として、専門家による指導が受けられたり、障害のある学生同士のグループ活動や自助会などが設定されていたりすることもあります。

◆

　現在、障害学生支援は、多くの高等教育機関で行われていますが、これから障害学生支援の体制を整備しようとする学校もあります。そのため、進路指導にあたっては、本人の興味関心や学力レベルとあわせて、障害学生支援の整備状況（たとえば、必要な支援が受けられるか、支援のノウハウがあるかなど）についても考慮したほうがよい場合があります。また、現実的な卒業可能性（たとえば、苦手なことが多く負担が大きすぎないか、生活リズムが整っているかなど）についても必要に応じて考慮するよう生徒に伝える必要があります。

　学校によっては、オープンキャンパス（学校説明会）で模擬授業が受けられたり、障害のある高校生向けの個別相談会が開催されたりしています。そのなかで学校や授業の雰囲気を確認したり、同様の障害のある学生がどのような合理的配慮や支援を受けているのかを聞いてみたりして、入学後のイメージをもつための具体的な情報が収集できるよう、生徒本人や保護者に働きかけていく

ことが必要です。

　また、大学での修学支援以外にも、生活面や医療面での支援を受けながら修学したい希望がある場合には、市町村や医療機関などに早めに相談する必要があります。障害のある学生のなかには、身体障害の有無にかかわらず、居宅介護や家事代行、訪問看護といったサービスを受けながら生活している学生もいます。

◆

　最後に障害のある生徒の高等教育機関への進学にあたって、とくに高等学校の教員に対して求められていることを3点あげます。

●入試時の配慮申請にかかわる書類作成

　入試の前に模試をいくつか受験するなどして、合理的配慮が必要かどうか当該生徒と確認しておきます。実際の大学入試センター試験における配慮申請においては、これまでの支援内容やアセスメントの結果などについて、高校の教員が記入する項目もありますから、通常の出願よりも早めの準備が必要です。なお、配慮申請やそのための相談を進学先にしたことが入試の結果に影響することはありません。

●進学先への支援に関する情報の引き継ぎ（高大連携）

　合格が決まったら、なるべく早く進学先へ支援に関する情報を引き継ぎます。とくに、どのような支援がうまくいったかといった情報は、進学先での効果的な合理的配慮や支援のためには不可欠です。合理的配慮を求める際に必要な根拠資料を含め、どのような情報を伝えたらよいかわからない場合には、進学先の学校に直接聞いてみるのもよいでしょう。

●本人に対する自己理解をうながす支援

　障害種別にかぎらず、障害学生支援を必要とする学生に、入学時にどのような支援が必要か聞いてみると、「今まで先生や親がやってくれたから考えたことがなかった」「これまでこのような支援を受けていたとは知らなかった」という学生が少なくありません。合理的配慮は原則として本人からの意思表明が出発点ですから、将来を見据え、教員が保護者や支援者などと協力しながら、本人が自身の特性や必要な支援について理解する機会を設けることも重要です。

第8章

肢体不自由のある生徒の理解と支援

1 G君のケース

　G君は高校1年生。脳性まひのため手足に不自由があり、足首を固定する装具を使用しています。荷物の出し入れや移動などには時間がかかりますが、日常生活に必要なことは自分でできます。

　中学生のときは1kmほどの道のりを歩いて登校していました。高校に入学してからはバスを利用して通学しています。乗車中や乗り降りの際には、転倒しないようしっかり手すりを持っています。とっさの事態に備えていつでも両手が使えるよう、荷物はリュックサックに入れています。

　高校では積極的に学習や行事に取り組み、新しい友人ができました。今ではサポートしてくれる友人が何人もいます。理科の実験や家庭科の調理など、助けが必要なときは自分からお願いするようにしています。体育はみんなと同じ課題に取り組むことが難しい場合があります。そのため、どの運動はどの程度取り組めるのか、難しい場合はどうするのかなど、体育の先生と相談しながら進めています。

　G君は、最近、授業についていくのが大変だと感じています。学習の量が増え、進度も速くなったため、時間内に問題を解けない、板書を写しきれないといったことが度々あったからです。授業後にノートを見せてもらったり、先生に質問したりしていますが、教室の移動やトイレなどで十分に時間がとれないこともありました。このままでは学習の積み上げが難しくなるのではと不安に思っています。

　様子を見守ってきた担任は、G君と一緒に中学校までの様子を振り返り、どのような工夫があれば学びやすくなるのか考えることにしました。また、各教科の担当者に、授業でのG君の様子や工夫していることを聞いてみようと思っています。これらの情報をG君や教科担当者たちと共有し、支援を考えていくつもりです。

（1）肢体不自由の用語と定義

　肢体不自由という用語は、1929（昭和4）年ごろ、東京帝国大学（当時）の整形外科教授であった高木憲次（1888 – 1963）によって提唱されました。高木憲次は、肢体不自由児が治療しながら教育を受け、職業的自立を図ることができる施設「夢の楽園教療所」の必要性を説き、肢体不自由児の療育の発展に貢献しました。

　肢体不自由とは、医学的には、発生原因のいかんを問わず、四肢体幹に永続的な障害があるものをいいます。四肢体幹の形成が障害されたり、事故などによって四肢の一部を失ったりして運動障害が起こる場合と、中枢神経系や筋肉の機能が障害されて運動障害が起こる場合があります。

　四肢は上肢（肩関節から手の末端）と下肢（股関節から足の末端）からなります。体幹は脊柱を中軸とした上半身を指しますが、胸部や腹部の内蔵は含みません。運動機能が永続的に妨げられた状態を指すもので、足首を捻挫して歩行ができない場合のような、一時的な状態は含みません。

【表8−1】運動障害の発症原因と主な疾患

発症原因	主な疾患
脳性疾患	脳性まひ、脳外傷後遺症、脳水腫症など
筋原性疾患	筋ジストロフィー、重症筋無力症など
脊椎脊髄疾患	二分脊椎、脊柱側弯症、脊髄損傷など
骨関節疾患	先天性股関節脱臼、先天性内反足、ペルテス病など

　文部科学省（2013）では、肢体不自由を「身体の動きに関する器官が、病気やけがで損なわれ、歩行や筆記などの日常生活動作が困難な状態」としています。日常生活動作が困難とは、起立、歩行、階段の昇降、椅子への腰掛け、物の持ち運び、机上の物の取扱い、書写、食事、衣服の着脱、身だしなみを整えること、排泄などの動作の全部または一部を行うことが難しい状態のことをいいます。

（2）主な疾患（脳性まひ、筋ジストロフィー、二分脊椎）

●脳性まひ

脳性まひとは、「受胎から新生時期（生後4週間以内）までの間に生じた脳の非進行性病変に基づく、永続的なしかし変化しうる運動及び姿勢の異常」（厚生省脳性麻痺研究班, 1968）をいいます。新生時期以後の発症は、原因によって脳炎後遺症、頭部外傷後遺症などと呼ぶこと、脳腫瘍のように進行するものや発育の遅れ、一過性の異常は含まないことになっています。脳性まひは、肢体不自由児の約6割を占めるという報告もあります。

脳性まひの状態は、障害部位により4つに分けられます。上肢と下肢にまひがある状態を四肢まひ、腰から下肢のまひが目立つ状態を両まひ、身体の半身がうまく動かない状態を片まひ、四肢のうちひとつにまひを示す状態を単まひといいます。また、筋緊張の状態により、痙直型（けいちょく）、アテトーゼ型、失調型、混合型などに分類されます。

【表8-2】脳性まひの型と筋緊張の状態

脳性まひの型	筋緊張の状態
痙直型	筋肉がつっぱったりこわばったりする状態がつねにあるため、スムーズに身体を動かすことが難しい。成長につれて関節拘縮や脱臼・変形をきたすことがある。
アテトーゼ型	不随意運動がみられる場合と、一定の緊張を保つことが難しく意思に反して手足が動いてしまう場合がある。年齢が高くなると頸部痛や上肢のしびれを訴えることがある。
失調型	力が適切に入りにくいため、座位や立位のバランスが悪く、安定させるために足を大きく開いて立位をとる。書字やはさみの使用など細かな運動が難しい。
混合型	いずれかの型が合わさったもので、痙直型とアテトーゼ型が合併している場合が多い。痙直型に次いで頻度は高い。

脳性まひの原因は、未熟児出生や出産時の低酸素性脳障害が主なものです。発生頻度は、従来、出生人口1000人あたり1.5〜2人といわれていました。近年、医療の進展により未熟児の出生が増えていることから、発生頻度は高くなっているとする報告が多くなっています。

●筋ジストロフィー

　筋原性疾患で多くみられるのが**筋ジストロフィー**です。身体を支える筋肉が徐々に破壊され、筋力の低下が進行する病気です。原因によってデュシャンヌ型、ベッカー型、福山型などの型に分類されます。

　最も多いデュシャンヌ型は、6か月未満の発達は正常ですが、乳児期後半にハイハイをした際に肩を支える力が弱かったり、お座りが遅れたりする場合があります。幼児期になると、転びやすい、走れないなどの様子がみられます。7～8歳で歩行が困難になりはじめ、10歳前後には車椅子による移動が必要になります。筋力の低下により運動に困難をきたすだけでなく、呼吸も困難になっていきます。

　筋ジストロフィーの有病率は、地域医療機関や海外の調査を参考にすると、人口1万人あたり1.7～2人程度と推測されます。

　高等学校への進学については、症状の進行を考慮して特別支援学校（肢体不自由）を選択する場合が多いです。ただし、学校の特徴や本人の希望、家庭の状況などを総合的に考えて高等学校を選択する場合もあります。

●二分脊椎

　二分脊椎は、妊娠4～5週ごろに起こる先天異常で、脊髄が脊椎の外に出て癒着や損傷しているために起こる神経障害の状態をいいます。主に仙椎、腰椎といった脊椎の下部に発生します。そのため下肢のまひや変形、膀胱・直腸障害などがみられます。

　損傷部位によって、車椅子を使用する場合もあれば、杖や装具を使用して歩行できる場合もあります。足の変形が生じた場合、装具や特別な靴を使用して予防します。膀胱・直腸障害を伴う場合は、導尿（カテーテルを使い、排尿させる方法）や排便のトレーニングを行います。

　80～90％が水頭症を合併するといわれており、シャント手術（脳脊髄液を排出するために脳室内にチューブを入れる）が必要となります。水頭症がない場合、多くは知的な遅れを伴いませんが、図形の模写や文字の学習など視覚－運動機能に困難さがみられるという報告もあります（古山・川間, 2018）。

　発生頻度は、人口1万人あたり4.8人程度といわれています。過去30年間にわたり、発生率は減少していません。

このほかに肢体不自由には、事故や病気による**脊髄損傷**や**四肢切断**などの中途障害も含まれます。損傷の部位はさまざまであり、移動、姿勢保持、上肢操作など不自由な状態も多岐にわたります。

3 特性とその理解

（1）各発達段階による特徴

　乳幼児期は医療・福祉機関、学童期や青年期前期は学校、青年後期から成人期は労働・福祉機関がそれぞれ主に対応します。肢体不自由の状態は一人一人異なるため、青年期以降に医療機関での対応が必要になる場合もあります。

●乳幼児期

　乳幼児期は、寝返り、這う、座る、歩くなどの粗大運動を獲得する時期です。肢体不自由があると、粗大運動の獲得が遅れたり困難であったりします。運動障害があるときは理学療法などを行い、運動発達を援助していく必要があります。

　さらに、就園・就学に向けて、自立をめざした日常生活を送るために、移動、食事、排泄など基本的な動作の力を高めることを指導します。この時期は諸動作の発達が旺盛なので、医学的リハビリテーション（理学療法、作業療法、言語療法）の効果が促進されます。

　理学療法は、立つ、歩くなどの基本動作を獲得し、実用的な日常生活をうながすことを目的に、理学療法士（PT：Physical Therapist）の指導のもと進められます。作業療法では、作業療法士（OT：Occupational Therapist）が粗大運動や手指などの諸機能の回復・維持、開発をうながします。言語療法は、言語聴覚士（ST：Speech Language Hearing Therapist）が、言葉によるコミュニケーションに問題がある人に対して、困難が改善し生活の質が向上することをめざした支援をします。

●学童期

　学童期は身長や体重の増加などにより、脱臼、関節拘縮（関節の動く範囲が制限された状態）、円背（脊柱が後方に丸くなる）や側湾（側方に湾曲する）といった変形が現れる場合があります。そのことによって、座位や立位など今まで

できていた姿勢がとりにくくなることがあります。今ある能力を維持しつつ快適な学校生活を送るために、関節可動域を広げる運動やストレッチを継続して、拘縮や変形の予防に努めることが必要です。

　教科学習が中心となるため、肢体不自由の状態に応じて学習の量と時間を最適化したり、ICT機器など支援機器の使用を検討したりします。

●青年期

　青年期は自立に向けて行動範囲を広げていく時期です。福祉制度や施設の利用など必要な情報を自ら得る力や、周囲の人へ配慮しながら援助を求めていく力が要求されます。

　自立したい気持ちがある一方で、自分で行うことが難しいことについては介助を求めざるを得ない状況があります。このことが精神的自立に影響を与えます。家族以外にも援助を依頼できる人をつくっていくことが自立をうながす大事な要素になります。

●成人期

　一般就労したあとで、身体のきつさ（疲労や負担）が原因で離職せざるを得ない状況が生ずる場合があります。仕事にやりがいを感じてがんばりつづけるなかで、身体に負担がかかっていることに気づけない人や、身体のきつさで仕事を休むことに抵抗がある人もいます。

　自分の障害や身体の状態を理解し、どんな兆候がきつさのサインなのかに気づくことができる力、疲労を感じたら職場の上司に相談し、休憩や仕事の軽減などを依頼する力も必要になります。

（2）認知発達の特性

　認知とは、知識を獲得する過程と得られた知識のことをいいます。認知発達の最初の段階は、手にふれたものを反射的につかむことからはじまり、指を吸うと快を感じてまた吸うという行動が繰り返されるようになっていきます。そして外界と意図的にかかわるようになっていきます。物を操作することで認知発達が進み、さらに運動発達も進んでいきます。

　肢体不自由のある生徒は運動機能に障害があるため、身体を通しての情報の獲得が難しいです。そのため、適切に理解していないということが生じます。

このことは知識・技能の獲得や概念形成に影響を及ぼします。

（3）心理的特性

　肢体不自由のある生徒は自分の思い描いたとおりにできず、成功体験が少ないことから、自信の低下や自発性の欠如につながったりします。身体に対する劣等感を抱きやすく、自己肯定感が低くなることもあります。また、周囲の人の援助を受けることが多く、それが繰り返されるなかで、物の持ち運びや机上の物の取り扱いなどの日常生活動作について学習する機会を失うと、依頼心が強くなることもあります。

　児童期以降で肢体不自由になった場合は、それまでできていたことを行うのに困難を伴うようになります。衣服の着脱や排泄などの日常生活動作について新たな方法を習得しなければなりません。このことによる喪失感は大きく、本人や家族全体への支援が必要になります。

4　学校・教員としての支援や配慮

　一人一人の生徒が学習上または生活上どのような困難があるか、座席の配置や補助的手段の活用などによってどの程度軽減されるのか、といった観点から支援や配慮を検討します。

（1）学校生活に関すること

　肢体不自由のある生徒の場合、歩行や階段の昇降、排泄などの日常生活動作に支援や配慮が必要です。特別支援教育支援員による対応が必要な場合もあります。

- 校内における教室の配置を工夫して移動の負担を軽減する。
- 手すりやスロープなどを設置して既存の設備を使いやすくする。
- 廊下に置いてある障害となる物を片づける。
- 教室内の座席を、教員が支援や配慮をしやすい位置や本人が教室に出入りしやすい位置にする。

また、災害時の対応について、対象生徒の移動が困難であることを踏まえたうえでの避難経路を決定し、避難方法や支援体制について整備しておくことが重要です。

（2）学習に関すること

　上肢の動作に困難がある場合は、ほかの生徒と同じように学習内容を消化することが難しいため、学習の量と時間を調整することや支援機器の使用を検討します。

- 計算問題の数を軽減したり、書く時間を延長する。
- 書字の能力に応じて余白のあるプリントを使用する。
- 文字入力ができるパソコンを使用する。
- タブレットを使用して板書を記録する。

　また、生活経験が不足しがちになるため、各教科の指導においては、自分の手でふれる、操作する、実際の場面を見るなどの体験的な活動を確保します。目と手の協応動作、空間認知、発声や発語器官の運動などにも困難を伴うことがあり、さまざまな学びにくさがあると考えられます。これらの障害特性が学習に及ぼす影響を把握し、課題の注目すべきところを強調したり、順序立てて考えることを繰り返し指導したりするなど工夫を図ります。

（3）進路指導に関すること

　進路先として、大学や専修学校、障害者職業能力開発校への進学、一般就職などがあります。身体に障害があっても学力があり、もっと高度なことや専門的なことが学びたい生徒は大学や専修学校に進学して、卒業後は一般企業に就職したり、そのまま大学に残って研究を続けたりする人もいます。

　また、障害者職業能力開発校は、その能力に適応した職種に必要な基礎的な技能や知識を習得できるよう職業訓練を行うための公共職業能力開発施設です。パソコンの技能や資格を身につけられるカリキュラムが組まれ、一般就職をめざすことができます。

　新たな進路先の開拓や確保などを進めていくには、個人情報の取り扱いに十

分注意しながら関係機関と連携をとりつつ進める必要があります。本人の興味・関心や得意・不得意、生活環境などを考慮し、卒業後も自分らしく生活できるようにするためにはどうしたらよいか、本人の気持ちを確認しながら教員も一緒に考えることが重要です。

（4）障害理解に関すること

肢体不自由のある生徒の場合、自己の障害を理解したうえで、自己理解を深め、自己管理する力を身につけ、自己肯定感を高めることができるよう支援することが大切です。

とくにけがや病気で肢体不自由になった生徒は、障害を受けたことからくる不安や、悲しみ、苦悩などの感情を伴っていることが考えられます。支援を行うにあたっては、生徒の年齢やパーソナリティ、障害の原因、失われた機能、家族、教育環境などのさまざまな要因を考慮した支援が必要です。

5 専門機関との連携

（1）医療機関との連携

肢体不自由のある生徒は、医療的対応を必要とする場合が多くあります。治療やリハビリテーションの内容を知っておくことで、学校での支援や配慮を検討する際に役立ちます。

また、通級による指導を行う際は、主治医や理学療法士、作業療法士、言語聴覚士、心理学の専門家などと連携を図り、必要に応じて指導・助言を求め、適切な指導ができるようにします。

（2）特別支援学校のセンター的機能の活用

特別支援学校は、地域の特別支援教育のセンター的機能を果たすことが定められています。高等学校などの要請に応じて、専門性を生かしながら必要な助言や援助を行います。

特別支援学校（肢体不自由）の教員には、姿勢や身体の動きの指導、摂食指導、情報手段活用などに関する専門性があります。高等学校は、生徒の指導に関する相談、個別の教育支援計画の策定にあたっての支援、研修協力、施設・設備などの提供といった支援を求めることができます。

【引用・参考文献】

安藤隆男・藤田継道編著『よくわかる肢体不自由教育』ミネルヴァ書房、2015 年

独立行政法人国立特別支援教育総合研究所『特別支援教育の基礎・基本——一人一人のニーズに応じた教育の推進』ジアース教育新社、2009 年

古山貴仁・川間健之介「二分脊椎症児の認知機能の特性と算数学習における困難さの検討」『障害科学研究』42（1）、障害科学学会、2018 年、pp. 163-172

猪狩恵美子・河合隆平・櫻井宏明編『テキスト肢体不自由教育——子ども理解と教育実践』全国障害者問題研究会出版部、2014 年

石部元雄・上田征三・高橋実・柳本雄次編『よくわかる障害児教育（第3版）』ミネルヴァ書房、2013 年

望月達夫『脳性麻痺のハンドブック』静岡県肢体不自由児協会、2016 年

文部科学省「第3編 4 肢体不自由」『教育支援資料』2013 年

難病情報センター HP「筋ジストロフィー（指定難病 113）」（2019 年 11 月 6 日閲覧）

奥村良法・滝川一晴・森山明夫『神経筋疾患 骨・関節疾患 二分脊椎』静岡県肢体不自由児協会、2018 年

篠田達明監修、沖高司・岡川敏郎・土橋圭子編集『肢体不自由児の医療・療育・教育（第3版）』金芳堂、2015 年

田波幸男編、高木憲次『高木憲次——人と業績』日本肢体不自由児協会、1967 年

ウェブサイトの活用案内

◆ **社会福祉法人日本肢体不自由児協会**
https://www.nishikyo.or.jp/
障害者スポーツや療育キャンプなど、肢体不自由児の自立に向けた事業に関する情報を掲載。
また、指導力を高める研修も紹介されている。

◆ **筑波大学　特別支援教育　教材・指導法データベース**
http://www.human.tsukuba.ac.jp/snerc/kdb/
筑波大学附属特別支援学校5校で実際に使用された教材や指導法が検索できるデータベース。
鉛筆や筆を持つことが難しい生徒のための簡単補助具などが紹介されている。

第8章 肢体不自由のある生徒の理解と支援

Column	就労支援

　障害者が適性に応じて、能力を十分に発揮して働くことができるように援助することを「就労支援」といいます。雇用・就業は、障害者の自立や社会参加をうながすうえで重要であるといえます。

　障害者の雇用については、**障害者の雇用の促進等に関する法律**（以下、**障害者雇用促進法**）に定められています。雇用義務関連では、民間企業、国、地方公共団体の事業主に対し、従業員の一定割合（法定雇用率）以上の障害者を雇用することを義務づけています。

【法定雇用率】　2018年4月1日現在

- 民間企業・・・・・・・・・・・・・・・・・・・・・・2.2%
- 国、地方公共団体・・・・・・・・・・・・・・2.5%
- 都道府県等の教育委員会・・・・・・2.4%

また、雇用義務の対象となる障害者は、身体障害者、知的障害者又は精神障害者（精神障害者保健福祉手帳の交付を受けている者にかぎる）としています。

　職業紹介・地域就労支援では、障害者本人に対し、一人一人の特性に配慮した職業指導、職業紹介などの職業リハビリテーションを、医療・保健福祉・教育などの関係機関の連携のもとに実施しています。たとえば公共職業安定所（ハローワーク）では、専門職員や職業相談員が障害の種類や程度に応じたきめ細かな職業相談や紹介、職場定着指導を行っています。これらの取り組みにより、ハローワークを通じた障害者の就職件数は、年々増加しています。

　このほかにも、障害者就業・生活支援センターでは就業面と生活面の一体的な相談・支援を実施、地域障害者職業センターでは専任カウンセラーによる専門的な支援（職業評価、準備訓練、ジョブコーチなど）を実施しています。

　さらに障害者雇用促進法では、雇用分野における障害者に対する差別の禁止、職場で働くにあたっての支障を改善するための措置（合理的配慮の提供義務）を定めています。労働者の募集・採用、賃金、配置、昇進、教育訓練など雇用に関するあらゆる局面において、障害者であることを理由に排除すること、障害者に対して不利な条件を設けること、障害のない人を優先することなどの不

当な差別的扱いが禁止されています。合理的配慮については、車椅子を利用する人に合わせて机の高さを調整する、通勤時のラッシュを避けるため勤務時間を変更するなど、必要な配慮を行うことが考えられます。ただし、事業主に対して過重な負担を及ぼすこととなる場合を除くことになっています。

●障害者の手帳制度について

　障害者に対して、各種の支援を受けやすくすることを目的に身体障害者手帳、療育手帳、精神障害者保健福祉手帳などが交付されます。自閉症などの発達障害のある人は、療育手帳または精神障害者保健福祉手帳の取得を検討することになります。ここでは療育手帳について説明します。

　療育手帳は、知的障害児・者への一貫した指導・相談を行うとともに、各種の援助措置を受けやすくするため、児童相談所または知的障害者更生相談所において知的障害と判定された者に対して、都道府県知事または指定都市市長が交付します。「愛の手帳」「みどりの手帳」など地域によって呼び方が異なります。

　障害の程度及び判定基準は、重度（A）とそれ以外（B）に分けられます。

重度（A）	①知能指数が概ね35以下であって、次のいずれかに該当する者 ・食事、着脱衣、排便及び洗面等日常生活の介助を必要とする。 ・異食、興奮などの問題行動を有する。 ②知能指数が概ね50以下であって、盲、ろうあ、肢体不自由を有する者
それ以外（B）	重度（A）のもの以外

出典：厚生労働省HP「各障害者手帳制度の概要」

　療育手帳を取得するかは、受けたい支援やサービスがあるかなど、状況によって判断することになります。必要がなくなった場合は返納することもできます。また、子どものころに取得する人が多いですが、大人になり支援を受ける必要がある状況になってから取得することもできます。

【参考文献】
厚生労働省「障害者雇用の現状等」「法定雇用率とは」「障害者雇用促進法リーフレット」など

第9章

病弱の生徒の理解と支援

1 H君のケース

　H君は高校1年生で、現在、入院治療中です。

　第一志望だった県立高校に入学後は、大学進学をめざして勉強と部活動を両立させながら、楽しい高校生活を送っていました。1年生の9月、夜になると発熱することが続き、身体もだるく、風邪のような症状がしばらく続きました。一向によくならないので近くの内科を受診し、念のため血液検査を行ったところ、医師から大きな病院を紹介されました。そして、その病院での血液検査と骨髄検査の結果、白血病と診断されました。

　すぐに入院して治療を開始しましたが、H君は高校に通学することができなくなってしまいました。入院した病院には特別支援学校（病弱）の病院内学級があり、入院している小学生と中学生は、そこで勉強していました。しかし、高等部が設置されておらず、高校生を担当する教員はいませんでした。

　そこで、在籍している高校に、入院しながら授業を受けることができないか相談したところ、県教育委員会の「県立高等学校における長期入院生徒学習支援事業」を利用して、在籍校の教員が病室まで出向き授業を行ってくれることになりました。

　派遣教員による授業は、週3日、1回2時間程度でしたが、H君は治療を受けながら病室で学習を継続することができました。あわせてWEB会議システムによる双方向通信を利用して、高校の教室での授業を病室で受けることもできました。双方向通信では、教室の先生の顔や板書だけでなく、配布されるプリント類もPDFファイルで直接提示されるので、とても見やすく、理解を深めることができます。

　入院中の授業で、かならず単位修得が可能となるわけではありませんが、入院する高校生の多くが授業を受けられないまま長期欠席している現状を踏まえると、H君は学習の機会を得ることができ、入院中も積極的に治療に向き合う

ことができています。

　病院内にある特別支援学校（病弱）の先生方は授業を担当することはできませんが、入院中のH君の学習面・生活面を支援しています。また、高校の派遣教員や医療関係者との連絡調整にも熱心に取り組んでくれています。

2　病弱とは

（1）定義

　学校教育法施行令では、病弱者の障害の程度が次のように示されています。

学校教育法施行令　第22条の3

1　慢性の呼吸器疾患、腎臓疾患及び神経疾患、悪性新生物その他の疾患の状態が継続して医療又は生活規制を必要とする程度のもの

2　身体虚弱の状態が継続して生活規制を必要とする程度のもの

　慢性の呼吸器疾患の主なものには、気管支喘息や気道狭窄があります。

　悪性新生物とは、子どもの場合、白血病、脳腫瘍、骨肉腫などの小児がんを指します。そして、生活規制とは、入院生活上または学校生活、日常生活上で留意すべきことなどであり、たとえば健康の維持や回復・改善のために必要な服薬や、学校生活上での安静、食事、運動などに関して留意しなければならない点などがあることを指します。

　病弱とは、疾病が長期にわたっているもの、または長期にわたる見込みのもので、その間に医療または生活の規制が必要なものをいいます。たとえ病状が重くても急性（一過性）のものは含めません。

　また、**身体虚弱**とは、先天的または後天的な原因により、身体諸機能の異常を示したり、疾病に対する抵抗力が低下したり、またはこれらの状態が起こりやすいため、学校を欠席するほどではないけれども、長期にわたり健康な者と同じ状況で教育を行うことによって、健康を損なうおそれがある程度のものをいいます。

　なお、本章では以降、身体虚弱も含めて「病弱」と記載することにします。

　文部科学省（2019）の「児童生徒の問題行動・不登校等生徒指導上の諸課題に関する調査結果」によると、2018（平成30）年度に病気を理由に通算30日

以上欠席した長期欠席児童生徒は、小学生が 23,340 人、中学生が 26,284 人、高校生が 15,812 人います。これらの児童生徒は、学校という場に行くことができないために、学習の機会が著しく少なくなっていることに留意する必要があります。

（2）病弱者を対象とする教育の場

　病気の種類は、小児がん、心臓疾患、腎臓疾患、呼吸器疾患、内分泌疾患、筋ジストロフィー、てんかん、心身症、肥満、アレルギーなど多種であり、その病状も多様です。そのため、入院治療を必要とする児童生徒のほか、通院しながら学校に在籍している児童生徒も多くいます。近年は統合失調症や気分障害などの精神疾患や心身症、発達障害の二次障害など精神及び行動の障害によって、児童青年精神科領域における治療を必要とする児童生徒も少なくありません。

　病気のある小・中学生は、特別支援学校（病弱）小学部・中学部、小・中学校の病弱・身体虚弱特別支援学級、通級指導教室、そして通常の学級のいずれかに在籍しています。病気のある高校生は、高等学校、または特別支援学校（病弱）高等部のどちらかに在籍することとなります。ただし、特別支援学校（病弱）高等部は制度上あるものの、おおよそ半数の特別支援学校（病弱）にしか設置されていません。

　また、高等学校の教育課程は多様化しており、学科には普通科、専門学科、総合学科があり、課程には全日制、定時制、通信制があります。学年制をとらない単位制の高等学校も増えています。その結果、入院する病院に特別支援学校（病弱）があったとしても、在籍している高等学校とは教育課程が異なっていることが多いです。

　そのため、単位履修、単位の読みかえが容易ではなく、特別支援学校（病弱）に転校して継続した教育を受けることは極めて困難となります。つまり、高校生が入院することになると、小・中学生のように入院しながら教育を受けることができず、在籍する高等学校を長期間欠席せざるを得ない状況なのです。

　加えて、近年の医療の進歩などにより入院期間の短期化や入院の頻回化も顕著で、病院への入院治療や自宅療養を行ったり、病状に留意しながら小学校、中学校や高等学校に通ったりするなど、一人一人の病状の変化に対応した教育の場を整えることは容易ではありません。そのため、教育制度上の隙間をなく

すための新たな教育の仕組みを考える必要があります。

3 特性とその理解

（1）心理・行動面の特性

　病気のある児童生徒は、病気や治療に対する不安、恐怖、苦痛、苛立ちなど<ruby>苛<rt>いら</rt></ruby><ruby>立<rt>だ</rt></ruby>ちなどの個人的要因、そして、入院を余儀なくされることによって生じる環境的要因によって、過度の依存性や逃避性、攻撃性の高まり、意欲の低下、自己肯定感の低さなどが見られることが多くあります。

　また、病気のため十分に身体を動かすことができなかったり、車椅子での生活による行動の制限があったりするため、遊びや生活経験が不足したり、偏ったりします。それは社会性の未熟さや、学習に向かう準備ができている状態である「学習レディネス」の不十分さを伴うことが多く、結果として、学習内容に興味・関心が乏しく、学習意欲が低下している場合があります。

　1994（平成6）年に文部省「病気療養児の教育に関する調査研究協力者会議」がとりまとめた「病気療養児の教育について（審議のまとめ）」によると、病気療養児に対する教育は、①学習の遅れなどの補完・学力の補償、②積極性・自主性・社会性の涵養、③心理的安定への寄与、④病気に対する自己管理能力、⑤治療上の効果などについて意義があるとしています。

（2）発達段階による心理社会的な課題

●幼児期

　入院した場合、家庭から離れ、慣れない環境での生活を強いられることになります。そのため、不安な表情を浮かべたり、情緒が不安定になりやすかったりします。また、痛みや苦痛を伴う治療や、遊びの空間や時間の極端な制限によって、大きなストレスを抱えることがあります。

　そこで、保護者など家族との十分な面会時間を確保することが大切です。病院内にプレイルームを設置したり、病棟保育士を配置したりするなどして、発達をうながすことも重要です。

●学童期

　基本的生活習慣が獲得され、言語能力や認識力も高まり、善悪についての理

解と判断ができるようになります。また、人間関係が拡大し、社会性を身につける時期でもあります。しかし、病気で学校を休みがちになると、社会性が未熟であったり、対人関係を苦手としたりすることになりやすいです。

そこで、教職員間での情報共有を綿密に行うとともに、保護者や医療関係者と連携を密にして情報共有に努めることが大切です。

● 青年期

心身の成長・発達が著しいこの時期は、周囲の影響を受けながらアイデンティティを確立し、自分とは異なる他者を受け入れられるようになります。

一方、思春期には親からの自立と親への依存とのあいだで両価性（アンビバレンツ）が高まります。病気による欠席や学習時間が確保できない状況は、学習の遅れに直結し、単位修得や進路選択に大きな影響を及ぼします。

また、治療に伴う不安や、服薬の副作用による肥満や低身長など容姿の変容への劣等感を抱き、病気の予後や将来像への不安など心理社会的な課題を抱えることになります。他者と比較して、自信を喪失したり、自己肯定感が低くなったりする場合もあります。

4 　教員としての支援や配慮

（1）心理面の支援や配慮

高校生ともなれば、自分の疾病への理解が十分にあり、自己管理を行う技術も獲得しているにもかかわらず、病気体験や治療への不信感から自己管理そのものが自己流になってしまうことがあります。

また、**アドヒアランス**（治療方針、処方に従って治療を受ける）を維持することが課題となる場合もあるので、自分の生活を自ら管理できる力を養っていくことが重要です。そのためには、客観的な視点で病気についての理解を深めるとともに、自己肯定感を高めることが大切です。

時に、罹患している自己との葛藤や嫌悪、否定感を抱くなどして、言動が生徒自らの本心とは異なり、乱暴になったり拒否的になったりします。このような場合、対応する教員が、生徒の日々揺れる言動を受け止めつつも、生徒への対応はぶれることなく一貫性のある教育支援を行うことが重要です。そして、生徒の良いところを見い出すことに努めながら、かかわることが大切です。

さらに、生徒自身が自らを客観視でき、主体的に病気と向き合うことができるよう支援することが望まれます。

（2）学習面の課題と教育支援

　病気のために学校を何度も欠席せざるを得ない生徒や、体調不良によってほかの生徒と同じ活動ができない生徒は、学習が遅れることへの不安をつねに抱きながら生活していることがよくあります。進級・受験への不安はとても大きなものです。まずは、生徒の不安や焦りといった気持ちの揺らぎに寄り添うことが教員に求められます。

　そのうえで、生徒の学習状況をアセスメントし、進度や習熟度に合わせた個別の指導計画を作成します。このとき可能であれば、生徒も一緒に学習計画を立てるようにします。

　また、生徒が病状によって登校することができない際に、近年は双方向型のWeb 会議などの ICT を活用して、自宅や病室から教室の授業に参加する取り組みも行われています。この際、配信側となる教員による、Web 会議のための準備と配信時の配慮や工夫は欠かせません。

　生徒は、自らの学習状況を振り返ったり、自己評価したりすることによって、主体的に学習に取り組むことができるようになります。そして、積極的に学習の見通しを立てることで、学習への不安を減らせるとともに、積極的な治療態度を育成できます。

（3）主な疾患ごとの教育支援のための必要事項

　教員として、生徒の疾患がどのようなものであるかを理解し、日頃から生徒の健康状態を把握するとともに、生徒が自らの体調の変化に気づいたときには、直ちに教員や友達に報告することができる信頼関係を築いておくことが重要です。また、本人や保護者からの日々の情報をもとに、職員間において、生徒の病状や病気への日頃の対応、緊急対応について、情報共有しておくことが不可欠です。

　さらに、文部科学省 (2013) の「教育支援資料」第 3 編 5　病弱・身体虚弱に掲載されている「病弱・身体虚弱の子供の教育における合理的配慮の観点」を参考にして、高等学校の施設設備などの物的環境と教員による人的環境を踏まえたうえで、生徒の病状に合わせた教育支援の在り方を検討するようにします。

また、公益財団法人日本学校保健会が作成した「〔平成23年度改訂〕学校生活管理指導表（中学・高校生用)」が当法人ホームページに掲載されています。表への記入は主治医が行いますから、教員は学校生活管理指導表をもとに、本人、保護者との連携、教員間の情報共有を行い、学校生活上の配慮事項などを明確にすることができます。

　では、病気療養しながら高等学校に在籍する生徒の主な疾患ごとに、教育支援のための必要事項について説明します。

● **1型糖尿病**

　糖尿病は、血糖値をコントロールしているインスリンが十分に分泌されないことによって起こる病気です。1型糖尿病は、2型糖尿病の原因である肥満や生活習慣とは直接関係なく、すい臓からのインスリン分泌が不足して発症します。生涯にわたって、自己注射によるインスリン治療が不可欠です。

　1型糖尿病の生徒は、毎食時ごとに血糖値測定とインスリン自己注射が欠かせません。そのため、学校での昼食や宿泊を伴う学習での食事の際には、保健室などの衛生面に配慮した空間で、血糖の自己管理を行います。生徒によっては、罹患していることを友達に隠したり、トイレの個室で血糖の自己管理を行ったりすることがあるので注意が必要です。また、友達が飲食しているスナック菓子や清涼飲料水を、いけないことだとわかっていながら同じように飲食して体調を崩すこともあります。

　生徒の生活リズムや活動の強度は、日によってさまざまであり、時にインスリンが効き過ぎて低血糖を起こす場合があります。血糖値低下の程度が軽いときは生徒自身が体調の変化に気づき、砂糖やビスケット、パンを補食して血糖値を上昇させ、体調を整えることができます。低血糖の程度が重いときは、意識レベルが低下し、けいれん、昏睡などの状態が生じる危険もあります。この場合は病院への緊急搬送が必要となります。

● **ぜん息・アレルギー疾患**

　ぜん息やアトピー性皮膚炎、食物アレルギーなどの生徒は、日々の服薬やアレルギー反応を引き起こす原因となるアレルゲンの除去食によって、健康管理を行いながら高校での学校生活を送っています。

　これらの疾患は、医師の適切な指導の下、生徒自らが自己管理することで、

日常の学校生活に特段の制限を加えることなく、友達と同様の活動を行うことができます。

しかし、過労やストレス、睡眠不足、意図しないアレルゲンの体内への取り込みが原因で、ぜん息発作やかゆみのある湿疹などのアレルギー反応が生じることもあります。アレルギー反応が生じないよう、生徒は日々の自己管理に努めていますが、同時にいつアレルギー反応が起きてしまうのかという不安な気持ちを抱きながら生活をしています。

宿泊を伴う活動では、事前に「アレルギー反応への対応、薬、宿泊先の環境、緊急に対応を求める医療機関」などをかならず把握しておくことが、事故を未然に防ぐためには極めて重要です。

● 心疾患

心臓は、体内に血液を送りながら回収するポンプの働きをする、筋肉でできた臓器です。その心臓の筋肉が悪くなる疾患が「心筋症」です。また、心臓の筋肉が正常に働くためには酸素や栄養分が必要で、心臓のまわりを取り囲んでいる冠状動脈から筋肉にそれらが供給されています。この冠状動脈が悪くなる疾患が「冠動脈疾患」で、狭心症や心筋梗塞の原因となることがあります。そして、心臓がポンプとして規則正しく働かない疾患が「不整脈」です。

心疾患のある生徒は、乳幼児期に手術を受けていることが多く、なかには検査や手術を繰り返してきた生徒もいます。長期にわたり運動の制限があった場合には、遊びの経験やスポーツの経験が乏しかったり、人間関係の構築が苦手で社会性が十分に育っていなかったりします。高校生活においても、多くの制限が課せられ、辛い気持ちや葛藤を抱えている場合もあります。教員には、心疾患の状況に配慮しながらも、必要以上の制限をしたりしないよう留意して、教育支援を行うことが求められます。

● 小児がん

小児のがんの多くは、成長と発達に欠かせない「血液」「骨」「中枢神経系（脳と脊髄）」「神経」に生じます。小児がんの主なものには、白血病、脳腫瘍、リンパ腫、神経芽腫などがあります。

医療の進歩に伴い、現在は70〜80％の子どもが治ります。しかし、治療期間中は短期間の入院を何度も繰り返すため、小・中学校時代に、自宅の校区の

小・中学校と病院にある学校との転校を何度も経験している生徒は少なくありません。

　治療終了後も、子どものときに受けた治療の合併症である晩期合併症が何年も経ってから発症することがあります。そのため、子どものころに小児がんを経験した高校生は、この晩期合併症への不安をつねにもちながら日々の生活を送ることになります。晩期合併症には、成長障害、生殖機能障害（妊娠、出産への影響）、臓器機能障害、新たな部位にがんが生じる二次がんなどがあります。

　また、高校在学中に小児がんに罹患した生徒は、病気になったことや入院治療することにとまどうと同時に、それまでの生活環境が一変することから、学業への不安、進路への不安、将来の人生設計への不安などを感じます。そのような不安を抱きながらも、生徒の多くは病気の理解を進めていくなかで、小児がんになったことを受け入れ、治療に前向きに臨む姿を見せます。教員も、生徒の気持ちをしっかりと受け止め、生徒に寄り添う対応をすることが大切です。

　そこで、学校の支援体制の状況を踏まえ、可能なかぎり生徒の学ぶ意欲に応える取り組みを創意工夫することが望まれます。その際、地域の病気の児童生徒の教育支援について指導助言を行う「センター的機能」を担う特別支援学校（病弱）に協力を仰ぐことも、適切な教育支援のためには有効です。

（4）ICT 活用による病気の高校生支援

　2015（平成 27）年 4 月に学校教育法施行規則の一部改正によって、「高等学校等におけるメディアを利用して行う授業の制度化」と「疾病による療養のため又は障害のため、相当の期間高等学校又は中等教育学校の後期課程を欠席すると認められる生徒等に対する特例の制定」が実施され、高等学校の全日制・定時制課程、特別支援学校高等部における遠隔教育が正規の授業として制度化されました。

　つまり、在籍する高等学校から離れた病院にある学校や病室において、インターネットなどのメディアを利用して、リアルタイムで高等学校の授業配信を行うとともに、質疑応答などの双方向のやりとりを行うことが可能な同時双方向型の**遠隔授業**が制度化されたのです。高等学校の全課程の修了要件である 74 単位のうち 36 単位を上限として実施することが可能です。

　遠隔授業においては、遠隔地の相手や状況があたかも目の前に存在するよう

に見せてくれるテレプレゼンスロボットを教室に設置し、病室や自宅からインターネット経由でロボットを遠隔操作しながら能動的に授業に参加することも効果的です。

　疾病で療養中の高校生を対象とする遠隔授業は、制度開始当初、受信側の病室などに当該高等学校などの教員が立ち合う必要がありました。しかし、2019（令和元）年11月からは、「教員を配置することは必ずしも要しない」と実施のための条件が緩和されました。なお、その場合には、当該高等学校などと保護者が連携・協力し、生徒の病状を踏まえ、体調の管理や緊急時に適切な対応を行うことができる体制を整えるようにすることが求められています（文部科学省, 2019）。

　長期入院する高校生を対象とする遠隔授業が積極的に実施されることで、療養中によりいっそう教育機会を確保することにつながると期待されます。

5 専門機関との連携

（1）医療機関との連携

　病院で治療を受けている高校生への教育は、入院前に在籍していた高等学校から病院に併設した特別支援学校（病弱）高等部に転籍した場合には、特別支援学校の教員が病院内の教室やベッドサイドなどへ訪問して行います。

　入院期間が短かったり学科や教育課程が違ったりして、病院に併設した特別支援学校（病弱）高等部に転籍ができない場合や、病院に特別支援学校（病弱）高等部が設置されていない場合は、保護者から入院治療に関する医療情報を得ながら、療養する生徒の教育支援を行うことが求められます。一部の自治体においては、在籍する高等学校の教員を病院に派遣して授業を行う取り組みもはじまっています。この場合も、派遣教員と医療関係者との連携が大切です。

（2）福祉行政との連携

　2015（平成27）年1月に施行された児童福祉法の一部を改正する法律によって新たに「**小児慢性特定疾病**児童等自立支援事業」がはじまりました。これにより、慢性的な疾病を抱える児童等及びその家族の負担軽減及び長期療養をしている児童等の自立や成長支援について、地域の社会資源を活用するとともに、利用者の環境などに応じた支援を、都道府県・指定都市・中核市が実施主体となって実施することになりました。そして、事業を担う小児慢性特定疾病児童等自立支援事業担当部局が各自治体に設置されました。

　この事業では、相談支援事業、小児慢性特定疾病児童等自立支援員の配置などの必須事業のほか、「療養生活支援」「相互交流支援」「就職支援」「介護者支援」「その他自立支援」（長期入院などに伴う学習の遅れなどについての学習支援など）を任意事業として行うことができることになっています。

　このような病気のある高校生の生活を支援するための施策を把握し、小児慢性特定疾病児童等自立支援員と連携しながら、生徒の教育支援を行うことも大切なのです。

【引用・参考文献】

病気療養児の教育に関する調査研究協力者会議「病気療養児の教育について（審議のまとめ）」1994 年

公益財団法人日本学校保健会「〔平成 23 年度改訂〕学校生活管理指導表（中学・高校生用）」2011 年

厚生労働省 HP「e －ヘルスネット [情報提供]」2019 年 7 月閲覧

文部科学省「平成 30 年度学校基本調査」2018 年

文部科学省「平成 30 度児童生徒の問題行動・不登校等生徒指導上の諸課題に関する調査結果」2019年

文部科学省「教育支援資料～障害のある子供の就学手続と早期からの一貫した支援の充実～」2013 年

日本育療学会編著『標準「病弱児の教育」テキスト』ジアース教育新社、2019 年

滝川国芳「インクルーシブ教育システムの構築のための病弱・身体虚弱教育の役割」『東洋大学文学部 紀要 教育学科編』(67)、2015 年、pp.97‑109

全国特別支援学校病弱教育校長会編著『特別支援学校の学習指導要領を踏まえた病気の子どものガイ ドブック――病弱教育における指導の進め方』ジアース教育新社、2012 年

ウェブサイトの活用案内

◆**病弱教育支援冊子「病気の児童生徒の特別支援教育～病気の子どもの理解のために～」**
https://www.nise.go.jp/portal/elearn/shiryou/byoujyaku/supportbooklet.html
教育機関で児童生徒にかかわる人を対象とし、子どもと病気を理解し、適切な指導と必要な支援を行うための冊子。学校で経験する主な疾患ごとに掲載されている。

◆**〔平成 23 年度改訂〕学校生活管理指導表（中学・高校生用）学校生活管理指導表（アレルギー疾患用）**
http://www.hokenkai.or.jp/kanri/kanri_kanri.html
主治医・学校医が生徒一人一人の病状や健康状態を診断した結果にもとづき、指導区分、参加できる運動強度、特別活動への参加、その他注意することなどを記入したもの。学校の教職員は、この指導表を踏まえて生徒の病状に配慮した教育活動を行う。

第9章 ── 病弱の生徒の理解と支援

第10章

軽度知的障害のある生徒の理解と支援

1 Ｉさんのケース

　Ｉさんは高等学校普通科に通う２年生。おとなしい性格で、他人から話しかけられると応えますが、自分から他人に話しかけることはほとんどありません。係活動や掃除など当番活動には誠実に取り組むことができます。

　体育の走り幅跳びではひとりずつ順番に跳び、待っている人が交代で砂をならします。Ｉさんが砂をならす番になったときのことです。クラスメイトが跳んだあと、砂の上には足跡が残っていますが、Ｉさんは動きません。先生が「次の人が跳べないから、早く砂をならしなさい」と指示しても、トンボを持ったまま立ち尽くしています。

　「次の人が跳べるように、こうやって足跡を消して砂を平らにするんだ」と、先生がトンボで砂をならして見せたら、Ｉさんはやることがわかって、その後は砂をならす役割を果たすことができました。

　Ｉさんは「土をならす」という言葉の意味が理解できなかったため、何をしたらよいかわからなかったようです。また、そのことを自分から先生に尋ねることもできませんでした。先生が言葉による説明だけでなく、実際にやってみて手本を示したことで、「土をならす」という言葉の意味を理解できました。

2 軽度知的障害とは

（1）知的障害という言葉

　知的な発達に遅れがあることを表す法律用語として長い間使われてきた「精神薄弱」は、意志薄弱を連想させたり、文字どおりに解釈すれば、精神が薄くて弱いというような意味になったりして、人権にかかわる差別的な意味にも通じるなどの理由により、1999（平成11）年４月から知的障害に改められました。

　また、医学の領域においては、アメリカ精神医学会では「精神遅滞（mental

retardation)」という用語を使ってきましたが、2013年に発表したDSM-5（「精神疾患の診断・統計マニュアル」第5版）から「知的能力障害（知的発達症／知的発達障害、Intellectual Disability ／ Intellectual Developmental Disorder）」という用語に変更しています。

（2）知的障害の定義

　知的障害とは何かを定義した法律はありません。前述のアメリカ精神医学会やWHOによる診断基準、アメリカ知的・発達障害協会による定義などはあります。一般的には、①知的機能の発達に明らかな遅れがあること、②適応行動の困難性を伴うこと、③発達期に起こっていること、の3つがそろっていることが知的障害の共通の目安となっています。

　「知的機能」とは、認知や言語などに関係する機能です。その発達に明らかな遅れがあるということは、精神機能のうち情緒面とは区別される知的面に、同年齢の子どもと比較して平均的水準より有意な遅れ（統計上、偶然とは考えにくいと判断できる遅れ）があるということです。

　通常、知的障害は**知能検査**のIQ（知能指数：Intelligence Quotient）がおよそ70以下の人とされています。理論上は、IQは100を平均値とする正規分布を示していて、標準偏差ふたつ分（－2SD）以下にあたる約2.2%の人がIQおよそ70以下に該当します。

　「適応行動の困難性を伴う」とは、適応能力が十分に育っていないということです。それは、概念的スキルの困難性（言語発達：言語理解や言語表出能力など、学習技能：読字、書字、計算、推論など）、社会的スキルの困難性（対人スキル：友達関係など、社会的行動：社会的ルールの理解や集団行動など）、実用的スキルの困難性（日常生活習慣行動：食事、排泄、衣服の着脱、清潔行動など、ライフスキル：買い物や乗り物の利用、公共機関の利用など、運動機能：協調運動、運動動作技能、持久力など）が生じやすく、その年齢段階に標準的に要求されるまでに至っていないことを意味します。

　発達期とはおおむね18歳までをいい、発達期以降の外傷性頭部損傷や加齢などに伴う知的機能の低下とは区別されます。

（3）知的障害の程度

　アメリカ精神医学会のDSM－Ⅳ－TR（2000年）では、軽度（IQレベル50～

55 からおよそ 70)、中等度（IQ レベル 35 〜 40 から 50 〜 55）、重度（IQ レベル 20 〜 25 から 35 〜 40)、最重度（IQ レベル 20 〜 25 以下）の 4 段階に分類していました。

DSM-5 では IQ による分類はなくなり、概念的（学問的）領域、社会的領域、実用的領域における行動特性や支援の必要性が軽度・中等度・重度・最重度の程度別に記述されています。また、2018 年 6 月に公表された WHO の ICD-11（国際疾病分類の第 11 回改訂版）でも軽度・中度・重度・最重度に 4 分類されており、内山（2019）は軽度知的障害について、「複雑な言語獲得や理解と学習の達成に困難があることが多いが、ほとんどの人は基本的な身辺自立や家事、実生活に必要な能力を獲得する。比較的自立した生活と仕事をすることができるが適切なサポートが必要になることがある。」と解説しています。

このほか、IQ70 〜 85 は境界領域知能とされ、知的障害とはいえません。環境を選べば自立して社会生活ができると考えられますが、状況によっては理解と支援が必要です。

（4）知的障害のある生徒の義務教育終了後

知的障害のある子どもの教育の場として、小・中学校の**特別支援学級**や**特別支援学校**（幼稚部・小学部・中学部・高等部）があります。高等部のなかには、知的障害の程度が比較的軽度である生徒を対象として、卒業後に一般企業への就労をめざし職業教育に特化した、高等部単独の特別支援学校（高等特別支援学校）もあります。

義務教育終了後、知的障害のある生徒のほとんどは特別支援学校高等部へ進学していますが、高等学校へ進学する生徒もいます。学校基本調査（文部科学省, 2018）によると、知的障害特別支援学校中学部の 2018（平成 30）年 3 月卒業者 7,881 名のうち高等学校等進学者は 7,780 名（98.7％）で、そのうち高等学校 46 名、特別支援学校高等部 7,734 名となっています。

また、同調査によれば、中学校の知的障害特別支援学級の 3 年生には 12,244 名が在籍しています。しかし、この生徒たちの卒業後の状況は示されていません。参考までに「平成 30 年度　岐阜県の特別支援教育」（岐阜県教育委員会, 2018）を見てみると、平成 30 年 3 月に岐阜県の中学校知的障害特別支援学級の卒業者 234 名（国立中学校は含まず）のうち、高等学校等進学者は 230 名（98.3％）で、そのうち高校 43 名、特別支援学校高等部 187 名となって

います。

　このほか、独立行政法人高齢・障害・求職者雇用支援機構 障害者職業総合センター（2017）の調査によれば、小・中学校で通常の学級に在籍し、卒業後も特別支援学校高等部でなく高等学校などへの進学を選択する、知的障害が軽度な子どもが一定程度存在していると考えられます。この調査によると、高等学校によっては少子化の影響もあって生徒を集めるのが大変で、どうしてもいろいろな背景をもつ生徒を募集することになり、結果として知的障害が軽度な者も受け入れている学校もあります。

　また、子どもが軽度知的障害の判定を受けていたり、判定は受けていないが子どもが知的障害である可能性を認識していたりする場合でも、それを認めたくないために特別支援学校への入学を望まない家族も存在しています。

3　特性とその理解

　有馬（2007）は軽度知的障害について、「ことばや抽象的な内容の理解に遅れがみられますが、身の回りのことはほとんど自分でできます。学業の面でも考える力を身につけられます。高度な技術が必要なければ、いろいろな仕事もできます。」と述べています。

　以下、ライフステージごとの特徴を具体的に見ていきます。

（1）幼児期

　一般的に、子どもは1歳ごろまでに有意語（「マンマ」「ワンワン」など意味のある言葉）を覚え、2歳半から3歳ごろまでに「ママ行った」などの二語文を使えるようになります。対して知的障害のある子どもは始語が遅かったり、構音障害のため発音がはっきりしなかったりといった言葉の発達の遅れがみられます。

　また、知的障害のある子どもは**短期記憶**の弱さがみられ、一度にたくさんのことを覚えられなかったり、記憶していられる時間も短かったりします。短期記憶は、具体的な経験を繰り返し積み重ねることで長期記憶になります。そこで、情報を伝えるためには、伝えたいことをひとつずつ伝えたり、ひとつのことを繰り返して教えたりする工夫が必要です。

　軽度知的障害のある子どもは、明らかな言葉の遅れはみられないかもしれま

せんが、言葉は話せても抽象的な意味を理解することに時間がかかったり難しかったりします。理解しやすいようにわかりやすい言葉で語りかけたり、動作や身振りで表現したり、絵や写真、実物を使ったりすることが大切です。自分が経験してきたことをもとに物事を理解していくので、さまざまな経験を積み重ねることが重要です。

（2）学童期

　知的障害のある児童生徒の学習上の特性として、『特別支援学校学習指導要領解説』（文部科学省, 2018）には、次のようなことがあげられています。

● 学習によって得た知識や技能が断片的になりやすく，実際の生活の場面のなかで生かすことが難しい。

● 成功経験が少ないことなどにより、主体的に活動に取り組む意欲が十分に育っていないことが多い。

　これらの特性は、軽度知的障害のある子どもにも当てはまります。通常の学級に在籍している子どもの場合、学年が上がるにつれて抽象的な思考が必要になってくるので、当該学年の学習が徐々に困難になってきます。日常生活を送るうえでの支障はありませんが、学校の勉強についていけないことから、自分に自信がもてなくなったり、物事に対して消極的になったりします。

　また、周囲の人に支援してもらうことに慣れてしまい、必要以上に周囲を頼ったり、本来は自分でできるはずのことが身についていなかったりします。

　年齢とともに知的な遅れのない児童生徒との発達差が少しずつ広がることは否めず、学習面だけでなく友達とうまくコミュニケーションがとれないといった人間関係の問題も生じやすくなります。

（3）青年期

　軽度知的障害のある青年期の人は、障害のない人に比べて否定的に自己を評価することが明らかにされています。親を含め周囲の者が生活・学習・作業（労働）などを通して知的障害者の発達レベルを考慮せずにかかわりをもち、その結果、彼らは自信欠如あるいは劣等感に陥り自己概念の低下を招いたためであると議論されました（田中, 2009）。

　これは、軽度知的障害そのものの特性というより、その特性がもととなった

自己肯定感の低さや人間関係によるストレスなど二次的に生じる問題と考えられます。幼児期・学童期をどのように過ごしてきたか、特別支援教育を受けてきたかどうか、青年期に及ぼす影響は大きいといえます。

　それまでの経験不足から、Ⅰさんのように周囲から当然「できる」と思われることができないことがあります。理解力の困難さに加えて類推することが難しいためなので、どうしたらよいかをわかりやすい言葉で丁寧に伝えたり、実際にやって見せたりすることが大切です。また、周囲から「できない」と思われたくないために「わかったふり」をしたり、何をすべきかを理解しないまま、周囲の流れに従っていたりすることもあります。

（4）成人期

　高等学校では、特別支援学校のように障害者向けの手厚い職業教育や就職支援が受けられず、就職が困難である場合があります。また、就職しても職場での人間関係がうまくいかなかったり、生活リズムを整えられずに遅刻や欠勤が多かったりして、離・転職を繰り返す人もいます。

　一方、軽度知的障害のある人のなかには、運転免許を取得している人やひとり暮らしをしている人も大勢います。知的障害のある人の支援として、身辺自立や日常生活に関するスキルもありますが、人との関係、健康、お金、安全、住まいといった社会生活の側面からの支援も必要になります（「見てわかる社会生活ガイド集」編集プロジェクト, 2013）。

　軽度知的障害のある人が働き続けるには、友達や近所づきあいの方法を身につけること、健康に気を配ること、計画的にお金を使うこと、休みの日にリフレッシュする方法を身につけること、困ったときに相談にのってくれる人を見つけることが必要です。

4　教員としての支援や配慮

●わかりやすく伝える

　一度にたくさんのことを話さないで短い文章で端的に話す、難しい言葉や表現を控えてできるだけやさしい言葉や表現で話す、といったわかりやすい伝え方の工夫が必要です。その際、「これぐらいはわかるだろう」といった先入観をもたないことが大切です。わかっていないことを伝えられず、何でも「は

い」と返事をすることもありますので、表情を見ながらこまめに確認したり、全体に指示をしたあとで個別に指示をしたりする配慮が望まれます。

●授業にユニバーサルデザインの視点を取り入れる

授業に見通しをもてるように、学習目標や授業の流れを視覚化して提示します。たとえば、黒板に1時間でやらなければならないことを板書し、終わった活動を消去していくことで、次に取り組むことが明確になります。

また、具体的に内容を想像して理解できるように、指示や説明の際に絵や写真などの視覚教材を用いたり、ICT機器を活用したりします。1枚あたりの問題数を少なくする、キーワードのみ空所補充するといった、生徒の実態に応じた学習プリントの工夫は、学習意欲を高め、理解をうながすことにつながります。これらの支援は軽度知的障害の生徒だけでなく、ほかの生徒にも有効です。

●理解力に合わせて個別指導をする

学習指導では、その生徒がどこまで理解しているかを把握して、理解力に合わせて個別指導を必要とする場合があります。これまでの積み上げがないために現在の学習内容が理解できない生徒もいますので、わからなくなったところまで戻って丁寧に教えることが望まれます。

●できることを伸ばす

これまで周囲の人と比較され、「自分はできない」と思い込んで自分に自信をもてない生徒が多くいます。係や委員会の仕事を任せたり教師の手伝いを頼んだりして、日々の生活のなかで「他人に認められる」「人の役に立つ」という経験を積み重ねていけるようにします。そのなかで生徒のやる気を引き出し、何かひとつでも自分にできることや興味のあることを見つけられると、それがきっかけとなり、物事に主体的に取り組むことができるようになります。

●経験を積み重ね、言語化することで意味づける

できないことやわからないことの原因のひとつは、これまでの経験不足です。実際に経験することで、何をしたらよいか、どうすればよいかをわかるようにします。その際、行動の意味を理解できるように、経験したことを言語化することが大切です。物事の意味を理解できると、次回からは自分で考えて行動す

ることにつながります。

●生徒に合った進路を探す

2016（平成28）年4月、「障害を理由とする差別の解消の推進に関する法律
（障害者差別解消法）」が施行されました。障害を理由とする不当な差別的取扱
いの禁止や合理的配慮の提供が、法的に義務ないし努力義務とされ、大学・短
期大学・高等専門学校においても、一定の取り組みが求められます。進学を希
望する場合、その進学先で生徒が充実した学生生活を送ることができるか、ま
た、就職の見通しがもてるか、など修学や就職に関して受けられる支援や配慮
を事前に確かめておくことが不可欠です。

就職を希望する場合については、コラム「就労支援」（pp. 106-107）も参照
してください。

●卒業後に頼れる人や場所を見つける

高校在学中は学校や教員が窓口となってさまざまな支援を提供できますが、
卒業後は自分で支援を求めていくことになります。次項で紹介する専門機関の
ほか、困ったことを話せる信頼できる相手の存在、高校時代の友人、知的障害
のある人を対象としたオープンカレッジのように余暇支援をしてもらえる相手
など、人とのつながりをつくっておくことが大切です。

5 専門機関との連携

まずは、特別支援学校のセンター的機能の活用があげられます。特別支援教
育に関する相談や情報提供、関係機関との連絡・調整など、専門的な助言を受
けることができます。また、行政（市役所の福祉課）、福祉（福祉事務所、社会
福祉協議会）、医療（主治医、かかりつけ医）、労働（ハローワーク、障害者職業セ
ンター）といった教育以外の分野との連携も不可欠です。ここでは、卒業後の
進路にかかわる専門機関について紹介します。

（1）障害者職業センター

障害者職業センターとは、独立行政法人高齢・障害者雇用支援機構が「障害
者の雇用の促進等に関する法律」にもとづき各都道府県に設置する職業リハビ

リテーション機関です。障害者職業カウンセラーが配置され、ハローワーク、障害者就業・生活支援センター、病院、特別支援学校などの関係機関との密接な連携の下、職業相談・職業評価、職業準備支援、ジョブコーチ支援、事業主への情報提供や助言など、地域に密着した職業リハビリテーションサービスを提供しています。

　各都道府県の地域障害者職業センターのほか、千葉市に「障害者職業総合センター」、埼玉県所沢市に「国立職業リハビリテーションセンター」、岡山県加賀郡吉備中央町に「国立吉備高原職業リハビリテーションセンター」があり、職業リハビリテーションに関する研究、障害者職業カウンセラーなどの専門職員の養成・研修、先導的な職業訓練などを行っています。

（2）障害者就業・生活支援センター

　障害者の職業生活における自立を図るための就業支援や、就業に伴う日常生活、社会生活上の支援などを行います。2019（令和元）年6月現在、全国に334のセンターが設置されており、障害者の身近な地域における雇用、保健、福祉、教育などの関係機関の連携拠点として、就業面及び生活面における一体的な相談支援を実施します。

　主な支援内容として、就業面では、就職に向けた準備支援（職業準備訓練、職場実習のあっせん）、就職活動の支援、職場定着に向けた支援、障害特性を踏まえた雇用管理についての事業所に対する助言などがあります。また、生活面では、生活習慣の形成、健康管理、金銭管理など日常生活の自己管理に関する助言、住居、年金、余暇活動など地域生活、生活設計に関する助言などがあります。

　ハローワーク、障害者職業センター、学校、事業主、福祉事務所、保健所、医療機関など関係機関との連携の下、雇用と福祉のネットワークを形成し、就業支援担当者と生活支援担当者が協力して、就業面と生活面にわたる一体的な支援を行っています。

【引用・参考文献】

American Psychiatric Association 著、高橋三郎・大野裕・染矢俊幸訳『DSM-Ⅳ-TR 精神疾患の診断・統計マニュアル 新訂版』医学書院、2004 年

有馬正高監修『知的障害のことがよくわかる本』講談社、2007 年

独立行政法人国立特別支援教育総合研究所「特別支援学校（知的障害）高等部における軽度知的障害のある生徒に対する教育課程に関する研究—必要性の高い指導内容の整理と教育課程のモデルの提案—（平成 22 年度～23 年度）研究成果報告書」2012 年

遠藤雅仁・浅賀英彦・武澤友広「専門的な雇用支援が必要な若年軽度知的障害者の実態把握に関する基礎調査」独立行政法人高齢・障害・求職者雇用支援機構 障害者職業総合センター、2017 年

藤崎雅子「先進校に学ぶキャリア教育の実践 デュアルシステムや地域協働活動を通し各自の歩調で自分軸をもつ社会人へ」『キャリアガイダンス』423、リクルート進学総研、2018 年、pp. 46-49

岐阜県教育委員会「平成 30 年度 岐阜県の特別支援教育」2018 年、p. 64

原仁監修『発達と障害を考える本 6 ふしぎだね!? 知的障害のおともだち』ミネルヴァ書房、2007 年

厚生労働省「平成 17 年度知的障害児（者）基礎調査結果の概要」2005 年

「見てわかる社会生活ガイド集」編集プロジェクト編著『知的障害・発達障害の人たちのための見てわかる社会生活ガイド集』ジアース教育新社、2013 年

文部科学省「卒業後の状況調査 特別支援学校（中学部）」『学校基本調査 平成 30 年度』2018 年

文部科学省 HP「特別支援教育の理念」『特別支援教育の推進について（通知）』2007 年（2019 年 12 月 3 日閲覧）

文部科学省『特別支援学校学習指導要領解説 各教科等編（小学部・中学部）』2018 年、p. 26

日本精神神経学会（日本語版用語監修）、髙橋三郎・大野裕訳『DSM-5 精神疾患の診断・統計マニュアル』医学書院、2014 年

田中道治「第 3 章 青年期の発達の特徴と特別支援教育」 京都教育大学特別支援教育 GP 実行委員会監修、相澤雅次・佐藤克敏・田中道治・藤岡秀樹編集『特別支援教育ハンドブック——すべての学校での活用に向けて』京都教育大学、2009 年、p. 18

内山登紀夫「Ⅱ 知的障害の認定基準に関する文献調査 2 医学分野における知的障害の認定基準に関する現状と課題」 社会福祉法人東京都手をつなぐ育成会『平成 30 年度障害者総合福祉推進事業「知的障害の認定基準に関する調査研究」報告書』厚生労働省、2019 年、pp. 15-21

ウェブサイトの活用案内

◆ **独立行政法人高齢・障害・求職者雇用支援機構**
https://www.jeed.or.jp/index.html
障害者の雇用支援に関する情報を得ることができるサイト。

◆ **ATARIMAE プロジェクト**
http://www.atarimae.jp/index.php
障害のある人もない人も共に働き、生きる喜びを感じあえる社会の実現をめざす
「ATARIMAE プロジェクト」による情報発信サイト。

第10章 軽度知的障害のある生徒の理解と支援

外国につながる生徒の理解と支援

1 J君のケース

　J君は高校1年生。明るい性格の男の子です。ブラジルで生まれ、10年前、5歳のときに両親と3人で来日しました。現在は、ブラジル出身の両親と日本で生まれた弟ふたりの5人で暮らしています。

　J君は来日してから公立保育所に通ったため、日本語を上手に話します。しかし、高校でのはじめての三者面談で、担任はふと気づきました。J君はお母さんと話ができていないようなのです。J君の母親は日本語がわかりません。職場では日本語を使うことがなく、派遣会社には通訳者もいるため、仕事と子育てに追われている母親には日本語を学習する時間がありませんでした。そのため、三者面談で先生が話す日本語をJ君が母親にポルトガル語で伝えていますが、担任は母親から聞きたい意見を得ることができませんでした。

　そこで担任は、近くの公立小学校に週2日来ているというポルトガル語の通訳者に相談したところ、通訳者から「私が通訳するので、保護者と直接話したほうがよい」とアドバイスをもらいました。

　後日、担任と通訳者のふたりでJ君の家庭を訪問しました。すると、母親は「家庭ではJとほとんどポルトガル語で会話をしていない」「学校の様子を聞いても、「べつに」とJから日本語で返事が返ってくる」「Jは日本語が上手なのに、なぜ学校の成績が悪いのか」など、たくさんの悩みをポルトガル語で話してくれました。

　J君は学校の授業でも友達同士でも、日本語での言葉の壁による問題はみられません。そのため、教員たちのあいだでJ君について配慮事項などの申し送りはありませんでした。J君の成績は中学から音楽と体育以外よくありませんが、教員たちは勉強が苦手なのだろうと考えていました。

　また、担任はJ君の保護者が日本語がわからないことを把握していたものの、保護者への連絡では特別な対応をしたことはありませんでした。

2 外国につながる生徒とは

（1）外国につながる生徒の定義

　厚生労働省の統計を見ると、父母ともに日本人である子どもの出生数が減少していますが、父母の両方もしくは一方が外国人である子どもの出生数は増加しています。

　そのため、日本で生まれて一度も国籍のある国（地域）へ行ったことがないという外国籍の子どもをはじめ、日本国籍であっても国際結婚の両親をもつために家庭では日本語以外の言語を使う子ども、ペルー人の父とフィリピン人の母など国籍の異なるカップルのあいだに日本で生まれて育ったという子どもがいます。

　さらに、同じ両親から生まれていても出生時の認知の関係で兄弟間でも国籍が異なる子ども、日本人の両親をもつが外国での生活が長いために日本語より外国語のほうを得意とする子ども、将来を考えて帰化する外国籍の子どもなどもいます。

　このような外国に自分自身のルーツがあったり、多様な言語や文化などの背景があったりする生徒を示す言葉として、**外国につながる生徒**や**外国にルーツをもつ生徒**などと表現します。なぜならば、育つ環境は**アイデンティティの形成**とも大きく関係するため、国籍だけでは区分できないからです。

　外国につながる子どもの世界は、とても多様化しています。今日のグローバル化で、かならずしも国籍が出生地や育った地を示さなくなった現状であるにもかかわらず、「外国籍」というだけで、学校などでは行ったこともない国籍の国の固定化されたイメージで判断されたり、就職などでは「外国籍」であることを理由に希望する職種につけなかったりなどで苦しむ子どもがいます。

　あるいは学校で「通名」を使用する場合、外国人とは見なされない状況があり、彼（女）自身の**アイデンティティ**が揺れはじめ、国籍をめぐる葛藤や社会的差別の現実を感じています。このように国籍や文化が多様な親をもつ外国人の子どもが、もがき苦しみながら日本で生きることを強いられているという状況は、今にはじまったことではありません。

（2）外国につながる生徒の就学

　法務省（2019）の統計によると、日本に暮らす外国人住民数は 2019（令和

元）年6月末に280万人を超えて、過去最高を記録しました。しかしながら、日本では外国人を就学義務の対象としていません。そのため、学齢を超えた外国人高校生の就学状況は多様ですが、その正確な実態はわかりません。

公立学校をはじめとする学校教育法第一条に規定された高等学校に通う生徒もいれば、**外国（人）学校**に通う生徒もいます。外国（人）学校とは、百年以上の歴史をもつ中華学校や1989（平成元）年の出入国管理及び難民認定法（以下、入管法）改正によって増加したブラジル学校など、特定の国籍を対象としてその国が定める教育内容を基準とするナショナルスクール、朝鮮学校など特定の民族を対象にその文化や言語の教育を重視してきた民族学校、英語教育を重視したインターナショナルスクールで構成される学校で、全国に約百十数校存在します。

いずれも外国につながる生徒にとって大切な学び舎であり、居場所でもあります。そのため、日本の学校でいじめにあったり、自分に自信がもてなくなったりした生徒たちの最後のセーフティネットとしても機能しています。また、外国（人）学校の中学校を卒業したあとに、日本の高等学校へ進学する生徒もいます。

近年は、学齢期に**不就学**であったり、出身国で中学校を未修了であったりなどの理由から、**公立夜間中学**や**中学校卒業程度認定試験**を経て、高等学校に進学する外国につながる生徒も珍しくありません。また、外国で学校教育における9年の課程を修了して、そのまま日本の高等学校を受験した、日本の中学校での通学経験のない生徒も増えています。

3 特性とその理解

（1）日本語指導が必要な生徒たち

●歴史

今日の外国につながる生徒の教育問題は、1980年代のバブル景気による労働力不足が大きく関係します。この対策で1989年に入管法の一部が改正され、日系人の日本での就労が自由化し、家族とともに日本で暮らす南米出身の外国人が急増しました。

その結果、公教育において日本語指導が必要な児童生徒が激増し、各地で「問題視」されるようになりました。それを契機に文部科学省では、日本語指

導が必要な児童生徒の受入状況などに関する調査を開始したのです。

　それまでの日本語指導が必要な児童生徒とは、日本の大学などへの留学生や研究者の子ども、帰国した中国残留邦人の子孫、または日本人保護者の海外勤務に伴って海外で暮らしたのちに帰国した児童生徒が大半でした。しかし、1990年代になると、外国籍の両親と共に来日した外国生まれの子どもが急増しました。そして近年は、両親が先に日本で働き、生活基盤を築いてから呼び寄せられた子ども、親が日本人と再婚したため生まれ育った外国から呼び寄せられたという子どもも増加しています。

●現状

　日本で生まれ育つ外国人の子どもの増加に伴い、公教育での日本語指導が必要な児童生徒の状況も変化してきました。日本語指導が必要な児童生徒とは、「日本語で日常会話が十分にできない児童生徒」および「日常会話ができても、学年相当の学習言語が不足し、学習活動への参加に支障が生じており、日本語指導が必要な児童生徒」を示します（文部科学省, 2019b）。

　文部科学省の調査（2018年度）によると、公立学校における日本語指導が必要な児童生徒数は、外国籍40,755人、日本国籍10,371人の計51,126人で、過去最多を記録しました（文部科学省, 2019b）。

　同じ調査から学校種別に比較すると、高等学校についてもこの15年で増加し、過去最高です（図11-1）。公立高校に在籍している外国人生徒9,614人のうち、日本語指導が必要な生徒は3,677人で、約3人に1人に相当します。ま

出典：文部科学省 2013、2019a より筆者作成

【図11-1】 公立高校における日本語指導が必要な外国籍と日本国籍の生徒数推移

た、日本語指導が必要な日本国籍の生徒数は 495 人で、この 15 年間で約 2.8 倍も増加しました。日本国籍であっても、日本語指導を必要とする生徒が大勢いるのです。

　外国籍の生徒であっても、日本で生まれ育っているのならば、問題は少ないと判断されてしまいます。しかしながら実際は、Ｊ君のように幼いときに来日した子どもも含め、家庭では日本語以外の言葉で生活している場合も多いために日本語力を高める環境が少なく、日本語による日常会話には問題がなくとも、学習にかかわる日本語がわからないという生徒も少なくありません。

　さらに、Ｊ君のように日常会話に支障がない外国につながる生徒は、親よりも日本社会の慣習や規範に適応していることが多いため、親に対して尊敬の念をもてなかったり、家庭言語を伸長する機会が少ないために親の話す言葉がわからず会話ができなかったりなど、生徒個人で抱えている困難も多いのです。

（2）高等学校における日本語指導の必要性

　日本国内には外国人が集住する地域もあれば散在する地域もあるため、日本語指導が必要な児童生徒が 1 校に 100 人以上も在籍する学校もあれば、1 人のみ在籍という学校もあります。そのため、学校によっても自治体によっても、その指導体制や対応が異なります。

　このようななかで国は、日本語指導が必要な児童生徒を対象とした**特別の教育課程**の編成・実施を 2014（平成 26）年度から制度に位置づけました（文部科学省, 2014b）。これは、在籍学級における学習活動に日本語で取り組むことができるようになることが目的です。

　しかし、教育課程上での位置づけは、「小学校、中学校、中等教育学校の前期課程又は特別支援学校の小学部若しくは中学部」とされ、日本語指導が必要かどうかの判断は、「学校長の責任の下で行うこと」とされています。そのため、すべての日本語指導が必要な児童生徒が一人一人に応じた指導計画の作成・評価を行う「特別の教育課程」のなかで学習をしているという状況ではないのです。

　先ほどの文部科学省の調査によると、2018（平成 30）年度に「特別の教育課程」による日本語指導を公立中学校で受けている外国籍生徒の割合は約 5 割です（文部科学省, 2019b）。つまり、日本語での教科の学習ができず、在籍する学年相当の教科の学習を終えることなく、高等学校へ進学してしまっている生徒

が多いと考えられます。

　やや古い調査ですが、外国人が集住する自治体の公立中学校から定時制高校に進学した日本語指導が必要な外国籍生徒うち、7割近くの日本語能力は「日常会話不可」「学習用語・表現不可」「読み書き課題」であったことがわかっています（外国人集住都市会議, 2013）。

　加えて、公立高校の入試では、外国につながる生徒を対象にした「措置」と「枠」があります。表11-1は、2020（令和2）年度入学者対象の高校入試について、日本語指導が必要な外国籍児童生徒数が多い第5位までの都道府県別に、「措置」と「枠」の有無をまとめたものです。

【表11-1】公地域別の「措置[*1]」「枠[*2]」の状況について[*3]

自治体名		日本語指導が必要な 外国籍の児童生徒数				全日制高校		定時制高校	
		総数	a うち高校	b うち中学	a/b	措置	枠	措置	枠
1位	愛知県	9,100	448	2,462	18.2%	×	○	○	×
2位	神奈川県	4,453	630	964	65.4%	○	○	○	○
3位	東京都	3,645	722	1,027	70.3%	○	○	○	×
4位	静岡県	3,035	178	712	25.0%	×	○	×	×
5位	大阪府	2,619	300	918	32.7%	○	○	○	×

*1　措置とは、一般入試を一般の生徒とともに受験する際に何らかの措置を受けられることを示す。例：受験時間が通常より延長される、漢字にルビが振られるなど
*2　枠とは、特定の高校に外国人生徒などを対象にした入学枠があって、特別な試験を受けられることを示す。例：県内の3校では作文と面接だけの試験など
*3　措置、枠があるものを「○」印、ないものを「×」印で示す。

出典：外国人生徒・中国帰国生徒等の高校入試を応援する有志の会

　自治体間で「措置」や「枠」の有無やその内容が異なるという問題もありますが、「措置」や「枠」を設置する自治体が多くあるため、近年はこれらを活用して公立高校に入学する生徒も増加しています。

　こうした現状から、高等学校でも小・中学校と同様に、外国につながる生徒に対して、一人一人に応じたきめ細かな日本語指導や支援などが強く求められていることは明らかです。

4 教員としての支援や配慮

（1）学習歴と家庭環境の把握

　外国につながる生徒への支援として、まずは生徒の日本語の能力や生活・学習状況などの把握からはじめましょう。なぜなら、日本で育つ外国につながる子どもの日本語能力は、母語、年齢、入国年齢、滞在年数に影響を受けることがわかっているからです。

　外国につながる児童生徒の**言語能力観**について、文部科学省では教科学習言語能力（ますます複雑になる話し言葉と書き言葉を理解し、かつ産出する力／Academic Language Proficiency）を「外国人児童生徒が母語話者レベルに追いつくのに、教科学習言語に接触してから少なくとも5年が必要だといわれています。これは教科学習言語が複雑であると同時に、外国人児童生徒が、語彙、概念、読み書き能力が伸びつつある母語話者児童生徒に向かって追いつくことを強いられるからです。」と説明しています（文部科学省, 2014a）。

　そして、母語の基礎が弱い場合は7～10年かかるといわれています。なぜならば、教科学習では学年とともに、日常会話ではほとんど聞くことのない低頻度の語彙、複雑な構文や抽象的な表現などが多く出てくるからです。

　J君のように、流暢な日本語を話して日本人の友達も多くいる生徒の場合、日常生活では問題のない生徒と判断されてしまいます。しかし、教科学習では求められる日本語能力が異なるため、実際は困難を感じていることがあります。そのため、外国につながる生徒の指導においては、「**潜在的な能力**（母語力や母語で培った知識）を活用しながら、教科で必要な日本語能力と学力を伸ばしていく指導を心がけることが重要」です（文部科学省, 2014a）。

　担任は、まずは当該生徒がこれまでの小・中学校などで特別の教育課程による日本語指導を受けていたか否かを確かめましょう。この指導を受けていた場合は、**個別の指導計画**が当該生徒の通った学校にあります。これは、現状の把握や学習評価などのために各学校の担当者が作成したものです。したがって、これまでの個別の指導計画を引き継ぐことで、より効果的な指導計画を立てる参考となるでしょう。

　一方で、指導を受けていない生徒の場合は、この指導で必須とされている**児童生徒に関する記録**の事項について（表11-2）、最低限の把握から着手することで生徒の抱える課題が見えてくるでしょう。

【表 11-2】児童生徒に関する記録

● 氏名（パスポートなどの使用名） ● 生育歴、学習歴（年齢別、場所別）

● 性別、生年月日、国籍 ● 家族構成、家族の状況

● 家庭内で使用する言語 ● 学校内外での支援の状況

● 入国年月日、学校受入年月日 ● 進路希望

出典：文部科学省 2014b より筆者作成

　一部の地域では、入学後、表 11-1 で示した「措置」と「枠」で入学した生徒のみに日本語指導を行っているという学校があります。しかしながら実際は、こうした生徒の抱える問題は非常に見えにくいため、入試方法にかかわらず、すべての生徒の状況を把握することがとても重要です。なぜなら、近年の外国につながる生徒の背景は、2019（平成31）年4月から開始された国の外国人労働者の受け入れ拡大制度に伴って、これまで以上に複雑な場合もあるからです。

（2）学習上の配慮

　外国につながる生徒を担任することになったら、まずはひとりで抱え込まずに、管理職など校内の職員をはじめ、外部の関係機関とも連携をとりながら生徒をサポートしていきましょう。個に応じた指導を充実するためには、生徒一人一人に応じた指導計画を作成し、指導の期間などを設定しながら学校全体で指導することが大切です。

　日本語指導が必要な生徒に対する授業の工夫として、教材などの漢字にルビを振る、やさしい表現でゆっくりはっきりと短文で話すなどは、すでに多くの高等学校が実践していることです。これらに加え、効果的な工夫として以下のようなことが例としてあげられます。

　● 授業の見通しをはじめに示す。

　● 指示の一つ一つを具体的にやさしい日本語で伝える。

　● 大きな文字で色チョークを使用するなど黒板の使い方を工夫する。

　● 視覚教材の活用や生徒自身が体感できる活動を多く入れる。

　● やさしい日本語で表現した副教材（独自のリライト教材）を使用する。

とりわけ、日本語指導が必要な生徒に対する指導では、「日本語を指導できる時間の確保」が必須です。自治体によっては、日本語指導が必要な生徒のための指導員やサポーターを派遣する事業などを行うところもあるため、積極的に活用するとよいでしょう。

　日本語指導の授業形態としては、「国語科」の取り出し授業、座学の必履修科目を中心にした各教科や科目の取り出し授業、日本語や教科に関する補習授業の実施が考えられます。外国につながる生徒が多い高等学校では、入学時および進級時に日本語が母語ではないすべての生徒を対象に、日本語指導の希望調査を行ったうえで、学校設定科目として「日本語」を時間割内に設定して習熟度別に指導を行ったり、教科の事前学習として週4日間は20分間の放課後に補習を行ったりなど、高等学校の特徴を踏まえた実践が行われています。

　外国につながる生徒がいることを強みに、生きた教育を実践する高等学校もあります。たとえば、英語の単元「日本理解・日本文化の紹介」では、日本人生徒にも外国につながる生徒から見た日本人の考え方や日本文化を再認識できる学びの機会をつくったり、外国につながる生徒のルーツやその国の文化・言語などに興味がある生徒が集い部活動を立ち上げて、地域のイベントなどで学びを紹介したりなどです。

　また、外国につながる生徒自身が自分に自信がもてるための工夫として、母語を学べる科目を設定して選択科目に組み入れる高等学校もあります。

　その他、宗教への配慮を行う高等学校もあります。具体的な例として、給食で宗教上の制限がある生徒がわかりやすいように、献立を図で示した掲示物をつくったり、イスラム教徒の生徒に対して制服など服装を配慮したり、ラマダンでは礼拝場所を別室に確保したりなどです。

　高等学校ですぐに実践できる学習上の配慮については、同じ自治体内にある小・中学校で外国につながる児童生徒を担当する教員との意見交換や授業見学からはじめるとよいでしょう。1990（平成2）年の入管法改正以後、外国人と共に暮らすことを「決意」した自治体は、児童生徒の多様性に伴って教育実践も多様化しています。それにより現在は、各地の公立小・中学校で外国人の子どもも日本人の子どもも共に成長する数々の実践が行われています。それらの学びを生かした自治体の創造力で生まれた実践が高等学校で継続・発展されれば、教育がより豊かになることでしょう。

（3）キャリア教育の大切さ

　2016（平成28）年度の全国の公立高校生の中途退学率は1.27％というなか、日本語指導が必要な公立高校生はその7倍以上の9.61％が中途退学していることが、文部科学省（2019b）の調査で明らかになりました。つまり、約10人に1人が高等学校を中途退学しているのが実態です。そして、高等学校を卒業できても、日本語指導が必要な高校生の約5人に1人は、進学も就職もしていないこともわかりました。これらからも明らかであるとおり、高等学校では「出口」を見据えたキャリア教育が強く求められています。

　外国につながる生徒の場合、本人の努力とは関係なく、保護者の就労が安定していないことで将来の見通しができず、何度も夢や希望を失った経験をしながらやっと高等学校進学までたどり着いたという生徒も少なくありません。とりわけ、外国人のコミュニティのなかで育つ生徒の場合、ロールモデルが少ないことから、職業観が育ちにくいという課題もあります。

　したがって、日本語指導を中心とした教科指導だけでなく、自分らしく生きがいを追求できるような教育が非常に重要です。とくに、思春期と重なる自身が置かれた家庭環境を理解することへの苦しみや、**アイデンティティ**の揺れなどから生じる心の葛藤を抱えた生徒がいることにも配慮した教育の実践は、とても効果的です。

　具体的には、「外国につながる」からこそという、本人が力を発揮できる場面をはじめ、多様な大人や幅広い仕事、そして、さまざまな価値観にふれる機会を数多くつくることです。そして、これら一つ一つを経験する生徒に寄り添い、そのときの気持ちや考えを生徒自らの言葉で語る時間を丁寧につくることが非常に重要です。

　ようやく国は、2019年度の新規事業としてキャリア教育を予算化しました（2019年度予算1億円）。その内容は、「高等学校等が企業、NPO法人やボランティア等の地域の関係団体等と連携して、外国人の高校生等に対してキャリア教育をはじめとした包括的な支援を行う取り組みを支援する」というものです（法務省, 2018）。外国につながる生徒のキャリア教育は、喫緊の課題であるのです。

（4）保護者との信頼関係の構築

　J君のように、学校などでは「日本人扱い」されている生徒の場合、保護者

への連絡伝達への支援が受けられず、保護者に学校にかかわる情報や連絡が伝わっていないこともしばしばあります。

そのため、給食費の支払いや修学旅行の積立金が未払になっていることなどを生徒自らが保護者に伝えている場合もあるのです。そうしたことの繰り返しによって、子どもは親に尊敬の念をもつことができなくなることなどにつながります。したがって、子どもが抱える「見えない」問題の理解には、学習歴と家庭環境の把握は必須であるのです。

保護者への連絡については、当該生徒に頼らず、教員が保護者に直接伝えましょう。正しい情報を確実に保護者に伝えることは、保護者と学校や教員との信頼関係の構築につながるだけでなく、保護者への支援にもつながります。

その方法のひとつ目として、文部科学省が運営するサイト「かすたねっと」の活用があります。ここでは、各地で公開されている多言語による文書や日本語指導、特別な配慮をした教科指導のための教材などの資料が検索できます。

ふたつ目の方法は、やさしい日本語で連絡事項の文面を作成し、保護者が機器で翻訳できるように紙媒体でなくデータで保護者に伝達したり、「Voice Tra®」(ボイストラ)、「POCKETALK®」(ポケトーク)などの多言語翻訳ツールを活用して対話したりなどの試みも参考になるでしょう。

3つ目の方法は、同じ地域で活躍する母語スタッフや支援員の協力を得ることです。こうした支援員は、地域によって職務の名称や職務の内容が異なるため、詳しくは自治体や外国人生徒の多い学校に尋ねるとよいでしょう。

その他の方法として、各地の国際交流協会やボランティア団体などにある外国人相談窓口に相談することも有効です。曜日によって異なる言語を話すスタッフがいるため、こうしたスタッフと保護者をつなぐことは、保護者の安心感にもつながることでしょう。

5 外部機関との連携

外国につながる生徒にかかわる情報は、各地にある外国につながる子どもを支援するボランティア団体や国際交流協会、外国人住民を対象にした日本語教室などに相談するとよいでしょう。

地域では、平日の放課後に学習支援を行うボランティア団体や、週末に大人の日本語教室のなかで子どもの学習支援を行う国際交流協会があったり、多言

語での進路・進学説明会など、多種多様な活動が行われています。あなたの地域ではどんな団体があってどんな活動を行っているか、まずは調べてみてください。

　なお、外国籍高校生は、所持する在留資格によって進路が大きく制限される場合があります。よって進路指導では、生徒の在留資格を把握したうえで、適切な情報提供が必須です。困ったことがあれば、地域の外国人支援団体や行政の外国人相談窓口に相談しましょう。

　文部科学省では、2019（令和元）年度から日本語指導アドバイザリーボードを設置しました（文部科学省, 2019a）。これは、国が全費用負担して、外国人児童生徒などに対する日本語指導や学習支援について、教育委員会へのアドバイスや教員研修の充実のため、日本語指導アドバイザーの派遣を行うというものです。こうした制度を利用しながら学校や自治体という組織全体での体制づくりを検討していくこともよいでしょう。

【引用・参考文献】
外国人集住都市会議「外国人集住都市会議東京 2012 報告書」2013 年、p. 115
法務省「外国人材の受入れ・共生のための総合的対応策」2018 年
法務省「在留外国人統計（旧登録外国人統計）統計表」2019 年
文部科学省「外国人児童生徒のための JSL 対話型アセスメント DLA」2014 年 a
文部科学省「学校教育法施行規則の一部を改正する省令等の施行について（通知）」2014 年 b
文部科学省「日本語指導アドバイザー派遣の実施について」2019 年 a
文部科学省「「日本語指導が必要な児童生徒の受入状況等に関する調査（平成 30 年度）」の結果について」2019 年 b
大阪府教育委員会「高校における帰国・渡日生徒の日本語指導に向けた受け入れマニュアル」2013 年

ウェブサイトの活用案内

◆ **かすたねっと**
https://casta-net.mext.go.jp/
外国につながりのある児童・生徒の学習を支援する情報検索サイト（文部科学省が運営）です。「外国人児童生徒のための JSL 対話型アセスメント DLA」「外国人児童生徒受入れの手引き」なども掲載されている。

◆ **高校入試特別措置調査**
https://www.kikokusha-center.or.jp/shien_joho/shingaku/kokonyushi/kokonyushi_top.htm
外国人生徒・中国帰国生徒等の高校入試を応援する有志の会が調査した、都道府県立高校（市立高校の一部を含む）の外国人生徒及び中国帰国生徒等への措置と枠についての情報を掲載。自治体別ページでは、子どもの学習支援や相談できる団体なども紹介されている。

第12章

貧困家庭の生徒の理解と支援

1　K君のケース

　K君は進学校に通う高校2年生です。担任は徐々に下降線を描くK君の成績を心配しています。それだけでなく、部活に所属せず、親友と呼べるような友達もいないように見えることも気がかりです。

　2年生も後半に差しかかり、少しずつ卒業後の進路が話題になる時期になりました。キャリア教育の時間には、多くの生徒が将来の職業や生き方、大学受験について考えはじめています。

　進路に関する面談では、担任はK君の成績から進学先として考えられる大学の候補をいくつか示しましたが、K君はあまり興味を示しません。将来のことについて真剣に考えていないようにさえ見えました。

　そんな時期にK君が学校に無断でアルバイトをしていることが発覚しました。許可なくアルバイトをすることは校則違反ですし、学習態度や生活態度のこともあり、担任と生徒指導担当の教員から指導を行うなかで、もう少し勉強にも力を入れるようにと少し厳しい口調で指導をしました。ところがK君は反抗的な態度をとるばかりで、教員としても指導に困ってしまいました。

　数日後、養護教諭が担任のところに来て、K君が保健室に来て泣きながら話したことを伝えてくれました。「高校入学後に両親が離婚し、母親が働きながら高校に通わせてくれている。経済的に厳しく、自分もアルバイトをして何とか家計を助けたいと思ってきたが、先生たちは頭ごなしに叱りつけてきた」「入学したころには行きたい大学があったけれど、今の状況だと勉強をがんばっても大学には行けないし、勉強をする意味や高校に通う意味を見失ってしまった」「何より、大学に行くなんて言うと母親を困らせてしまうと思う」「もう高校は辞めたい」というような内容でした。

　担任はK君の置かれた状況に気づくことができなかったことを反省し、何とか支えたいと考えています。ところが、「高校は自分の意思で通うところだか

ら、本人が辞めたいんだったらそれでもいいんじゃない」という先生もいて、どうしたらいいか迷っています。

2 子どもの貧困とその現状

近年、子どもの貧困という言葉を耳にする機会が増えました。この子どもの貧困は遠い国で起きていることではなく、私たちが暮らす日本という国で起きているのです。

貧困は「絶対的貧困」と「相対的貧困」というふたつに分けて考えられます。絶対的貧困とは、生きていくために必要な衣食住を得ることが困難な状況を指し、世界銀行では1日の所得が1.90米ドル以下を基準としています。

それに対して**相対的貧困**とは、その社会における慣習や通念上、当たり前とされる生活が保てない状況（阿部, 2012）とされており、わが国における子どもの貧困とはこの相対的貧困を指しています。高校生の生活に照らして考えてみると、勉強などの時間を削って生活費や学費のために毎日のようにアルバイトをしなければならなかったり、塾に通う費用を捻出できなかったりするといったような状況です。

日本の2015（平成27）年度の子どもの貧困率は13.9%で、約7人に1人の子どもが貧困に陥っている状況です。それまでの調査結果に比べると比較的低い水準となりましたが（図12-1）、従来から指摘されてきたように、わが国の子どもの貧困率は先進国のなかでも高い水準にあることにはちがいありません（ユニセフイノチェンティ研究所ほか, 2013）。

貧困家庭の家族形態に目を向けると、母子世帯で貧困率が高いことが示されています。母子世帯の81.8%、父子世帯の85.4%が就労しており、両者に大きな差は見られませんが、就労している父子世帯のうち正規雇用が68.2%であるのに対して、母子世帯では44.2%にとどまっており、雇用形態には大きな差異が見られます。結果として、母子世帯における母親の年間平均就労収入は約200万円にとどまっています（厚生労働省, 2017b）。

このように子どもの貧困の背景には、日本が抱える社会的構造上の課題が存在すると考えられます。絶対的貧困と異なり、相対的貧困は一見すると判別しにくいために周囲から理解されづらく、多くの人にとって身近にある問題とは認識しづらいことがあります。

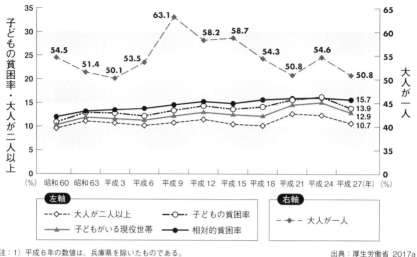

注：1）平成6年の数値は、兵庫県を除いたものである。
　　2）平成27年の数値は、熊本県を除いたものである。
　　3）貧困率は、OECDの作成基準に基づいて算出している。
　　4）大人とは18歳以上の者、子どもとは17歳以下の者をいい、現役世帯とは世帯主が18歳以上65歳未満の世帯をいう。
　　5）等価可処分所得金額不詳の世帯員は除く。

出典：厚生労働省 2017a

【図12-1】日本における子どもの貧困率の推移

　しかし、後述するように貧困は子どもたちにさまざまな否定的な影響を及ぼ
すため、2014（平成26）年には、子どもの将来がその生まれ育った環境によって
左右されることのないよう、全ての子どもが健やかに育成される環境を整備
するとともに、教育の機会均等を図ることを目的として定めた**子どもの貧困対
策の推進に関する法律（子どもの貧困対策推進法）**が施行されました。また、こ
の法律にもとづき、**子供の貧困対策に関する大綱**が示され、さまざまな取り組
みが展開されはじめています。

3 貧困が生徒に与える影響

（1）就学を維持することや進学することの難しさ

　近年、大学などへの進学率は7割を超えていますが、生活保護家庭や児童養
護施設で暮らすなど、貧困下にある生徒の進学率は2〜3割程度にとどまって
います（内閣府,2018a）。この背景には、生活保護を利用しながらの大学進学
が原則として認められていなかったり、児童福祉法上、原則として児童養護施
設での生活が18歳までに制限されていたりするといった、制度上の問題があ

ります。

　また、生活保護世帯の子どもの約４％が高等学校を中途退学することがわかっていますが、これは一般的な中途退学率のおよそ３倍であり（厚生労働省, 2017c）、貧困下にある生徒の中途退学率の高さも問題となっています。小・中学校とは異なり、経済的な問題を理由に進学や、就学の維持ができない生徒が存在することは、高等学校における貧困問題の特徴といえるでしょう。

　さらに高等学校卒業後にも課題があります。一般的に大学などへの進学率が上昇するなかで、高校中退や大学などに進学できないことは、その後の生活において大きなハンディキャップとなってしまうかもしれません。なぜなら、学歴が高くなるほど賃金は上昇し、失業率は低下する傾向にあるため、将来の生活や就労で困難を経験する可能性があるからです。

　それだけではなく、所得の差は、彼らが親の世代になったときに子どもにかけられる教育費にも差が生じ、次世代に貧困の問題を連鎖させてしまうことも指摘されています。

（2）意欲の低下や将来展望への制限

　就学や進学に関する困難さの背景には経済的な問題の影響だけではなく、冒頭の事例のK君のように意欲が低下したり、肯定的な将来展望を描きづらくなったりするという影響もあります。大学などに進学したいという気持ちをもっていたとしても、進学を希望すれば保護者を苦しめることにつながることを理解し、あきらめてしまう場合があります。

　また、職業選択や生き方の選択など自分たちの将来には制約があるという感覚を育んでしまうために、肯定的な将来展望を思い描くことが困難になってしまう場合もあります（Lareau, 2003）。このように、貧困は学習をはじめとして学校生活全般に対する意欲低下につながる場合があります。

（3）学業の不振やさまざまな経験の制限

　義務教育段階の子どもたちを対象として実施される全国学力調査をもとにした分析（お茶の水女子大学, 2014）では、家庭の所得や父母の学歴といった社会経済的な背景が低い子どもたちは、学力テストの成績が低い傾向にあることが示されています。この背景には、経済的理由から塾などの学校外教育を受ける機会が乏しいという貧困の問題が影響していると考えられています。

また、年収が低い家庭ほど、保護者が子どもと一緒に余暇活動をしたり、子どもの相談相手になったりする機会が少ないことも指摘されており、幼少期から学習の機会をはじめ、さまざまな経験の機会が制限されてきた場合もあります。

　2010（平成22）年には「高等学校等就学支援金の支給に関する法律」が施行され、経済的な就学支援が進められるようになりました。しかし、アルバイトをしながら家計を助けている高校生も少なくないという実態もあります。高等学校では義務教育課程と比べて、制服や教材費、部活動、さらには語学や専門資格のための外部の資格試験など、いわゆる学校徴収金に関する支出が多くなります。このほかにも、通学にかかる交通費や友達とのつきあいにもお金がかかるようになってきます。

　不足する費用を捻出するためにアルバイトをしなければならないと、学習や睡眠の時間がかぎられるだけではなく、部活動や友達とのつきあいなど高校生としての充実した時間を過ごすことが困難な場合もあります。高校生がいる家庭では相対的貧困の基準が義務教育段階の子どもがいる世帯よりも高くなるために、高校生世帯の約30%が貧困層であり、その傾向は専門学科や定時制高校に集中しているという調査結果もあります（小島, 2011）。

　このように学習する機会をはじめとするさまざまな経験の機会を経済的な困窮が奪ってしまう可能性があるのです。

4　学校や担任としての支援や配慮

（1）貧困対策のプラットフォームとしての学校

　貧困家庭への対応において最も重要なのは、貧困を発見し、生徒やその家族が必要とする支援が受けられるようにすることです。そのためには行政や福祉サービスとの連携が不可欠ですが、学校はとくに重要な役割を担うことが期待されています。

　子供の貧困対策に関する大綱では、学校を子どもの**貧困対策のプラットフォーム**として位置づけて総合的に対策を推進するとしています。学校をプラットフォームとして位置づけるとは、児童生徒が多くの時間を過ごす学校が貧困の早期発見や介入に加え、学習支援や生活支援など継続的な支援を提供していく貧困対策の足場としての役割を担うという意味です（図12-2）。

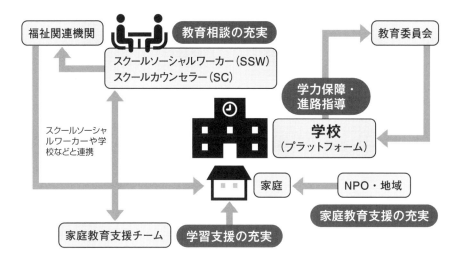

【図12-2】 学校をプラットフォームとした総合的な子どもの貧困対策の推進

出典：文部科学省HP「教育の支援を必要とする方へ」を一部改変

（2）連携・協働による支援

　しかし、教員だけで発見や介入、支援を進めていくことは容易ではありません。そこで、重要な役割を担うのが**スクールソーシャルワーカー（SSW）**です。SSWは、チーム学校のなかで福祉的な視点から生徒や家庭、教員、学校などを支援する福祉の専門職として配置が進められています。

　貧困家庭のなかには、生活が困窮しているにもかかわらず、公的サービスや制度を利用することができていない家庭もあります。また、周囲に援助資源に関する情報があるにもかかわらず、そこにアクセスすることができずにいるケースもあります。SSWは生徒や家庭が必要とする情報を提供したり、地域の関係機関とつないだりする役割を担います。

　また、貧困をはじめとする困難を有する子どもや若者を支援するために、全国の自治体で**子ども・若者支援地域協議会**や、相談窓口としての**子ども・若者総合相談センター**の設置が進められています（図12-3）。ここでいう子ども・若者とは30歳代くらいまでが想定されており、就学していることや18歳未満であることが支援条件となる従来の支援機関に比べ、幅広い年齢層に支援を提供することができます。

　こうした機関を中心として、それぞれの地域で高校生や高校生と同年齢の若

者を対象とした学習支援や生活支援、就労支援の取り組みが少しずつ行われはじめています。教員は地域の取り組みを把握し、関係機関と連携して支援を行っていくようにしましょう。

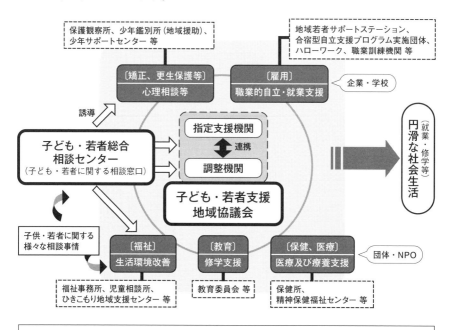

出典：内閣府 2018b

【図12-3】子ども・若者支援地域協議会

（3）中途退学を防ぐ

高等学校における貧困問題への対応では、生徒の中途退学を防ぐことがふたつの理由から非常に重要です。

ひとつ目の理由は、貧困問題の未然の防止につながるということです。中途退学の理由はさまざまで、かならずしも貧困を理由としたものばかりではなく、学業不振や対人関係の問題が理由として多くを占めています。義務教育とは異なり、高等学校は生徒自身の意思によって就学する場所であるために、中途退学は生徒がもつ権利でもあり、退学後に新たな進路を見つけていくケースもあります。

しかし、先述したようにほぼすべての子どもたちが高等学校に進学する現代社会において、高等学校を卒業しないことはその後の生活においてさまざまな困難を生じさせます。とくに就労に関する困難は経済的な困窮につながるため、中途退学を防ぐことは新たに生じる可能性がある貧困の問題を未然に防止する取り組みであるともいえます。中途退学を生徒の自己責任とするのではなく、高等学校でもしっかりと学業不振や対人関係の問題に取り組む必要があります。

　ふたつ目の理由は、継続的な支援の提供を可能にするということです。先述したように、学校は貧困対策のプラットフォームと位置づけられており、貧困下にある若者のセーフティネットの役割も担っているため、中途退学は彼らを必要な支援を受ける機会から遠ざけてしまいます。

　つまり、中途退学を防ぐことは、彼らが継続的な支援を受け続けることを保証することにもつながりますが、それでもやむなく中退に至ってしまうケースもあるかもしれません。高等学校を離れてしまうと、教員や学校として支援を続けることは困難となるために、子ども・若者総合相談センターや若者の就労支援を行う**地域若者サポートステーション**（通称：サポステ）などにつなぐことで、継続的な支援を受けられる環境を整えておくことがとても重要です。

（4）豊かな将来展望を育む

　中央教育審議会が取りまとめた答申では「一人一人の社会的・職業的自立に向け、必要な基盤となる能力や態度を育てることを通して、キャリア発達を促す教育」（文部科学省, 2011）と定義されている**キャリア教育**がもつ意味も大切です。キャリア教育は従来の進路指導という概念に比べると、進路や職業の選択だけではなく、生き方そのものにも焦点を当て、将来展望を育む教育であるといえるでしょう。

　欧州で行われた調査（Walther et al., 2002）でも、貧困を含め、生い立ちに困難を抱えた青年ほど、成人（就労段階）への移行がスムーズに進まないことが示されています。そのなかでも学校教育などで提供されるキャリア教育が困難を抱えていないことを想定しているために、生い立ちに困難を抱えた青年が置かれた状況に合致していないことが問題視されています。

　つまり、彼らが置かれた状況を十分に理解し、必要とされる内容を含んだキャリア教育を提供しなければなりません。たとえば、貧困の状況にある生徒にとっては、進学先を考えるとき学校についての情報以上に、奨学金制度や進学

第
12
章

貧困家庭の生徒の理解と支援

149

後に利用可能な援助資源についての情報が必要です。

　学力や学びの内容だけではなく、そうした生活や経済的支援についての情報も提供しながら、彼らが肯定的な将来展望を描いたり、日々の生活に対して充実感をもったりできるように支援していくことが求められます。

（5）貧困への敏感さ

　個々の教員にとって最も身につけたいものは、貧困の問題に曝されている生徒の存在に気づく敏感さです。明らかな外見的特徴があるわけではないために、貧困の状況にある子どもの存在に気づくことは容易ではありません。

　しかし、成績や友人関係、将来展望や意欲など、生徒をつぶさに観察することで、貧困の問題に気づくことができるような敏感さを身につけることができます。加えて、個々の教員が生徒の貧困に気づくことが支援を進めていく糸口となる、という自覚をもつことが不可欠です。

　また、授業などで取り組む内容について、貧困の状況にある生徒の心情を理解する敏感さをもつことも必要です。たとえば、修学旅行や課外活動など多くの生徒が楽しみにするような学校行事がありますが、経済的に困窮している生徒はどのような気持ちでその日を迎えるでしょうか。なかには必要な物の準備に苦労する家庭があるかもしれません。あるいは弁当を作るなど保護者からの支援を受けることが難しい場合もあるかもしれません。

　こうしたことに対して担任が無関心でいる場合、生徒は教員や大人への不信感を募らせていきます。教員がそうした生徒の存在に気づき、彼らが抱える困難を理解することができるような敏感さをもつことは、二次的な傷つきを防ぐとともに、彼らにとって大きな支えとなるはずです。

（6）貧困と関連する可能性のある問題を理解する

　貧困の問題を抱える家庭では、その他の問題を抱えている場合もあります。貧困の背景に保護者の精神疾患やドメスティック・バイオレンス（DV）、あるいは児童虐待など医療的、福祉的な支援が必要な問題の存在があるかもしれません。

　とくに、**児童虐待**が疑われる場合、**児童虐待の防止等に関する法律（児童虐待防止法）**では、すべての国民に児童相談所などへの虐待の通告が義務として課せられています。そのなかでも教員など子どもにかかわる専門職には、より積

極的な早期発見と通告が求められています。2015（平成27）年7月からは**児童相談所**の全国共通短縮ダイヤル「１８９」も設けられました。

このように、貧困と関連する可能性のある問題についての理解や適切な対応方法についても身につけておく必要があります。

福祉を表す英語には welfare と **well-being** があり、従来、どちらかというと最低限の生活を保障するという意味合いをもつ welfare が用いられてきましたが、近年はすべてが満たされた状態を意味する well-being という表現が用いられるようになってきました。貧困の状態にある生徒への支援を考えたときにも、単に貧困の問題だけに目を向けて最低限の生活保障、学習保証をするだけではなく、その生徒がよりよく自己実現を遂げていくための支援を考えることに取り組んでください。

【引用・参考文献】

阿部彩「「豊かさ」「貧しさ」：相対的貧困と子ども」『発達心理学研究』23（4）、2012年、pp. 362 -374

小島俊樹「高校生の世帯にどれほど貧困層が拡大しているか」 名古屋市立大学大学院人間文化研究科『人間文化研究』14、2011年、pp. 177-190

厚生労働省「平成28年 国民生活基礎調査の概況」2017年a、p. 15

厚生労働省「平成28年度 全国ひとり親世帯等調査結果の概要」2017年b、p. 1

厚生労働省「子どもの貧困への対応について」第4回社会保障審議会『生活困窮者自立支援及び生活保護部会』資料1、2017年c、p. 2

Lareau, A. "Unequal Childhoods : Class, Race, and Family Life" University of California Press, 2003

文部科学省HP「教育の支援を必要とする方へ」

文部科学省「今後の学校におけるキャリア教育・職業教育の在り方について（答申）」2011年、p. 17

内閣府「平成30年版 子供・若者白書（全体版）」2018年b、p. 86

内閣府「子どもの貧困に関する指標の推移」2018年a、p. 4

お茶の水女子大学「平成25年度 全国学力・学習状況調査（きめ細かい調査）の結果を活用した学力に影響を与える要因分析に関する調査研究」2014年

ユニセフ イノチェンティ研究所・阿部彩・竹沢純子「イノチェンティレポートカード11 先進国における子どもの幸福度——日本との比較 特別編集版」公益財団法人 日本ユニセフ協会（東京）、2013年

Walther, A. Stauber, B. Biiggart, A. du Bio-Reymond, M., Furlong, A., Lopez Blasco, A., Morch, S. & Macado Pais, J. （Eds.）"Misleading Trajectories : Integration Policies for Young Adults in Europe?" Leske and Budrich, 2002

> ## ウェブサイトの活用案内
>
> ◆**子供の未来応援プロジェクト**
>   https://www.kodomohinkon.go.jp/
>   内閣府が提供する子どもの貧困支援に関する情報サイト。
> ◆**サポステ（地域若者サポートステーション）**
>   https://saposute-net.mhlw.go.jp/
>   サポステの利用の仕方や支援内容などがわかる。厚生労働省が提供。

第12章 ──貧困家庭の生徒の理解と支援

特別支援教育関連法規（抜粋）

教育基本法

第4条 すべて国民は、ひとしく、その能力に応じた教育を受ける機会を与えられなければならず、人種、信条、性別、社会的身分、経済的地位又は門地によって、教育上差別されない。

2 国及び地方公共団体は、障害のある者が、その障害の状態に応じ、十分な教育を受けられるよう、教育上必要な支援を講じなければならない。

学校教育法

第16条 保護者（子に対して親権を行う者（親権を行う者のないときは、未成年後見人）をいう。以下同じ。）は、次条に定めるところにより、子に9年の普通教育を受けさせる義務を負う。

第17条 保護者は、子の満6歳に達した日の翌日以後における最初の学年の初めから、満12歳に達した日の属する学年の終わりまで、これを小学校、義務教育学校の前期課程又は特別支援学校の小学部に就学させる義務を負う。ただし、子が、満12歳に達した日の属する学年の終わりまでに小学校の課程、義務教育学校の前期課程又は特別支援学校の小学部の課程を修了しないときは、満15歳に達した日の属する学年の終わり（それまでの間においてこれらの課程を修了したときは、その修了した日の属する学年の終わり）までとする。

② 保護者は、子が小学校の課程、義務教育学校の前期課程又は特別支援学校の小学部の課程を修了した日の翌日以後における最初の学年の初めから、満15歳に達した日の属する学年の終わりまで、これを中学校、義務教育学校の後期課程、中等教育学校の前期課程又は特別支援学校の中学部に就学させる義務を負う。

第18条 前条第1項又は第2項の規定によつて、保護者が就学させなければならない子（以下それぞれ「学齢児童」又は「学齢生徒」という。）で、病弱、発育不完全その他やむを得ない事由のため、就学困難と認められる者の保護者に対しては、市町村の教育委員会は、文部科学大臣の定めるところにより、同条第1項又は第2項の義務を猶予又は免除することができる。

第72条 特別支援学校は、視覚障害者、聴覚障害者、知的障害者、肢体不自由者又は病弱者（身体虚弱者を含む。以下同じ。）に対して、幼稚園、小学校、中学校又は高等学校に準ずる教育を施すとともに、障害による学習上又は生活上の困難を克服し自立を図るために必要な知識技能を授けることを目的とする。

第73条　特別支援学校においては、文部科学大臣の定めるところにより、前条に規定する者に対する教育のうち当該学校が行うものを明らかにするものとする。

第74条　特別支援学校においては、第72条に規定する目的を実現するための教育を行うほか、幼稚園、小学校、中学校、義務教育学校、高等学校又は中等教育学校の要請に応じて、第81条第1項に規定する幼児、児童又は生徒の教育に関し必要な助言又は援助を行うよう努めるものとする。

第75条　第72条に規定する視覚障害者、聴覚障害者、知的障害者、肢体不自由者又は病弱者の障害の程度は、政令で定める。

第76条　特別支援学校には、小学部及び中学部を置かなければならない。ただし、特別の必要のある場合においては、そのいずれかのみを置くことができる。

　②　特別支援学校には、小学部及び中学部のほか、幼稚部又は高等部を置くことができ、また、特別の必要のある場合においては、前項の規定にかかわらず、小学部及び中学部を置かないで幼稚部又は高等部のみを置くことができる。

第77条　特別支援学校の幼稚部の教育課程その他の保育内容、小学部及び中学部の教育課程又は高等部の学科及び教育課程に関する事項は、幼稚園、小学校、中学校又は高等学校に準じて、文部科学大臣が定める。

第80条　都道府県は、その区域内にある学齢児童及び学齢生徒のうち、視覚障害者、聴覚障害者、知的障害者、肢体不自由者又は病弱者で、その障害が第75条の政令で定める程度のものを就学させるに必要な特別支援学校を設置しなければならない。

第81条　幼稚園、小学校、中学校、義務教育学校、高等学校及び中等教育学校においては、次項各号のいずれかに該当する幼児、児童及び生徒その他教育上特別の支援を必要とする幼児、児童及び生徒に対し、文部科学大臣の定めるところにより、障害による学習上又は生活上の困難を克服するための教育を行うものとする。

　②　小学校、中学校、義務教育学校、高等学校及び中等教育学校には、次の各号のいずれかに該当する児童及び生徒のために、特別支援学級を置くことができる。

　　1　知的障害者
　　2　肢体不自由者
　　3　身体虚弱者
　　4　弱視者
　　5　難聴者
　　6　その他障害のある者で、特別支援学級において教育を行うことが適当なもの

　③　前項に規定する学校においては、疾病により療養中の児童及び生徒に対して、特別支援学級を設け、又は教員を派遣して、教育を行うことができる。

学校教育法施行令

第2条 市町村の教育委員会は、毎学年の初めから5月前までに、文部科学省令で定める日現在において、当該市町村に住所を有する者で前学年の初めから終わりまでの間に満6歳に達する者について、あらかじめ、前条第1項の学齢簿を作成しなければならない。この場合においては、同条第2項から第4項までの規定を準用する。

第5条 市町村の教育委員会は、就学予定者（法第17条第1項又は第2項の規定により、翌学年の初めから小学校、中学校、義務教育学校、中等教育学校又は特別支援学校に就学させるべき者をいう。以下同じ。）のうち、認定特別支援学校就学者（視覚障害者、聴覚障害者、知的障害者、肢体不自由者又は病弱者（身体虚弱者を含む。）で、その障害が、第22条の3の表に規定する程度のもの（以下「視覚障害者等」という。）のうち、当該市町村の教育委員会が、その者の障害の状態、その者の教育上必要な支援の内容、地域における教育の体制の整備の状況その他の事情を勘案して、その住所の存する都道府県の設置する特別支援学校に就学させることが適当であると認める者をいう。以下同じ。）以外の者について、その保護者に対し、翌学年の初めから2月前までに、小学校、中学校又は義務教育学校の入学期日を通知しなければならない。

第11条 市町村の教育委員会は、第2条に規定する者のうち認定特別支援学校就学者について、都道府県の教育委員会に対し、翌学年の初めから3月前までに、その氏名及び特別支援学校に就学させるべき旨を通知しなければならない。

第14条 都道府県の教育委員会は、第11条第1項（第11条の2、第11条の3、第12条第2項及び第12条の2第2項において準用する場合を含む。）の通知を受けた児童生徒等及び特別支援学校の新設、廃止等によりその就学させるべき特別支援学校を変更する必要を生じた児童生徒等について、その保護者に対し、第11条第1項（第11条の2において準用する場合を含む。）の通知を受けた児童生徒等にあつては翌学年の初めから2月前までに、その他の児童生徒等にあつては速やかに特別支援学校の入学期日を通知しなければならない。

第18条の2 市町村の教育委員会は、児童生徒等のうち視覚障害者等について、第5条（第6条（第2号を除く。）において準用する場合を含む。）又は第11条第1項（第11条の2、第11条の3、第12条第2項及び第12条の2第2項において準用する場合を含む。）の通知をしようとするときは、その保護者及び教育学、医学、心理学その他の障害のある児童生徒等の就学に関する専門的知識を有する者の意見を聴くものとする。

第22条の3 法第75条の政令で定める視覚障害者、聴覚障害者、知的障害者、肢体不自由者又は病弱者の障害の程度は、次の表に掲げるとおりとする。

区分	障害の程度
視覚障害者	両眼の視力がおおむね 0.3 未満のもの又は視力以外の視機能障害が高度のもののうち、拡大鏡等の使用によつても通常の文字、図形等の視覚による認識が不可能又は著しく困難な程度のもの
聴覚障害者	両耳の聴力レベルがおおむね 60 デシベル以上のもののうち、補聴器等の使用によつても通常の話声を解することが不可能又は著しく困難な程度のもの
知的障害者	1　知的発達の遅滞があり、他人との意思疎通が困難で日常生活を営むのに頻繁に援助を必要とする程度のもの 2　知的発達の遅滞の程度が前号に掲げる程度に達しないもののうち、社会生活への適応が著しく困難なもの
肢体不自由者	1　肢体不自由の状態が補装具の使用によつても歩行、筆記等日常生活における基本的な動作が不可能又は困難な程度のもの 2　肢体不自由の状態が前号に掲げる程度に達しないもののうち、常時の医学的観察指導を必要とする程度のもの
病弱者	1　慢性の呼吸器疾患、腎臓疾患及び神経疾患、悪性新生物その他の疾患の状態が継続して医療又は生活規制を必要とする程度のもの 2　身体虚弱の状態が継続して生活規制を必要とする程度のもの

備考
1　視力の測定は、万国式試視力表によるものとし、屈折異常があるものについては、矯正視力によつて測定する。
2　聴力の測定は、日本工業規格によるオージオメータによる。

学校教育法施行規則

第121条　特別支援学校の小学部、中学部又は高等部の学級は、同学年の児童又は生徒で編制するものとする。ただし、特別の事情がある場合においては、数学年の児童又は生徒を 1 学級に編制することができる。

2　特別支援学校の幼稚部における保育は、特別の事情のある場合を除いては、視覚障害者、聴覚障害者、知的障害者、肢体不自由者及び病弱者の別ごとに行うものとする。

3　特別支援学校の小学部、中学部又は高等部の学級は、特別の事情のある場合を除いては、視覚障害者、聴覚障害者、知的障害者、肢体不自由者又は病弱者の別ごとに編制するものとする。

第126条　特別支援学校の小学部の教育課程は、国語、社会、算数、理科、生活、音楽、図画工作、家庭及び体育の各教科、道徳、外国語活動、総合的な学習の時間、特別活動並びに自立活動によつて編成するものとする。

2　前項の規定にかかわらず、知的障害者である児童を教育する場合は、生活、国語、算数、音楽、図画工作及び体育の各教科、道徳、特別活動並びに自立活動によつて教育課程を編成するものとする。

第127条　特別支援学校の中学部の教育課程は、国語、社会、数学、理科、音楽、美術、保健体育、技術・家庭及び外国語の各教科、道徳、総合的な学習の時間、特別活動並びに自立活動によつて編成するものとする。

　　2　前項の規定にかかわらず、知的障害者である生徒を教育する場合は、国語、社会、数学、理科、音楽、美術、保健体育及び職業・家庭の各教科、道徳、総合的な学習の時間、特別活動並びに自立活動によつて教育課程を編成するものとする。ただし、必要がある場合には、外国語科を加えて教育課程を編成することができる。

第128条　特別支援学校の高等部の教育課程は、別表第3及び別表第5に定める各教科に属する科目、総合的な学習の時間、特別活動並びに自立活動によつて編成するものとする。

　　2　前項の規定にかかわらず、知的障害者である生徒を教育する場合は、国語、社会、数学、理科、音楽、美術、保健体育、職業、家庭、外国語、情報、家政、農業、工業、流通・サービス及び福祉の各教科、第129条に規定する特別支援学校高等部学習指導要領で定めるこれら以外の教科、道徳、総合的な学習の時間、特別活動並びに自立活動によつて教育課程を編成するものとする。

第129条　特別支援学校の幼稚部の教育課程その他の保育内容並びに小学部、中学部及び高等部の教育課程については、この章に定めるもののほか、教育課程その他の保育内容又は教育課程の基準として文部科学大臣が別に公示する特別支援学校幼稚部教育要領、特別支援学校小学部・中学部学習指導要領及び特別支援学校高等部学習指導要領によるものとする。

第130条　特別支援学校の小学部、中学部又は高等部においては、特に必要がある場合は、第126条から第128条までに規定する各教科（次項において「各教科」という。）又は別表第3及び別表第5に定める各教科に属する科目の全部又は一部について、合わせて授業を行うことができる。

　　2　特別支援学校の小学部、中学部又は高等部においては、知的障害者である児童若しくは生徒又は複数の種類の障害を併せ有する児童若しくは生徒を教育する場合において特に必要があるときは、各教科、道徳、外国語活動、特別活動及び自立活動の全部又は一部について、合わせて授業を行うことができる。

第131条　特別支援学校の小学部、中学部又は高等部において、複数の種類の障害を併せ有する児童若しくは生徒を教育する場合又は教員を派遣して教育を行う場合において、特に必要があるときは、第126条から第129条までの規定にかかわらず、特別の教育課程によることができる。

第137条　特別支援学級は、特別の事情のある場合を除いては、学校教育法第81条第2項各号に掲げる区分に従つて置くものとする。

第138条　小学校、中学校若しくは義務教育学校又は中等教育学校の前期課程における特別

支援学級に係る教育課程については、特に必要がある場合は、第50条第1項（第79条の6第1項において準用する場合を含む。）、第51条、第52条（第79条の6第1項において準用する場合を含む。）、第52条の3、第72条（第79条の6第2項及び第108条第1項において準用する場合を含む。）、第73条、第74条（第79条の6第2項及び第108条第1項において準用する場合を含む。）、第74条の3、第76条、第79条の5（第79条の12において準用する場合を含む。）及び第107条（第117条において準用する場合を含む。）の規定にかかわらず、特別の教育課程によることができる。

第140条 小学校、中学校、義務教育学校、高等学校又は中等教育学校において、次の各号のいずれかに該当する児童又は生徒（特別支援学級の児童及び生徒を除く。）のうち当該障害に応じた特別の指導を行う必要があるものを教育する場合には、文部科学大臣が別に定めるところにより、第50条第1項（第79条の6第1項において準用する場合を含む。）、第51条、第52条（第79条の6第1項において準用する場合を含む。）、第52条の3、第72条（第79条の6第2項及び第108条第1項において準用する場合を含む。）、第73条、第74条（第79条の6第2項及び第108条第1項において準用する場合を含む。）、第74条の3、第76条、第79条の5（第79条の12において準用する場合を含む。）、第83条及び第84条（第108条第2項において準用する場合を含む。）並びに第107条（第117条において準用する場合を含む。）の規定にかかわらず、特別の教育課程によることができる。

1 言語障害者

2 自閉症者

3 情緒障害者

4 弱視者

5 難聴者

6 学習障害者

7 注意欠陥多動性障害者

8 その他障害のある者で、この条の規定により特別の教育課程による教育を行うことが適当なもの

第141条 前条の規定により特別の教育課程による場合においては、校長は、児童又は生徒が、当該小学校、中学校、義務教育学校又は中等教育学校の設置者の定めるところにより他の小学校、中学校、義務教育学校、中等教育学校の前期課程又は特別支援学校の小学部若しくは中学部において受けた授業を、当該小学校、中学校若しくは義務教育学校又は中等教育学校の前期課程において受けた当該特別の教育課程に係る授業とみなすことができる。

公立義務教育諸学校の学級編制及び教職員定数の標準に関する法律

第3条 公立の義務教育諸学校の学級は、同学年の児童又は生徒で編制するものとする。ただし、当該義務教育諸学校の児童又は生徒の数が著しく少ないかその他特別の事情がある場合においては、政令で定めるところにより、数学年の児童又は生徒を1学級に編制することができる。

2 各都道府県ごとの、都道府県又は市（地方自治法（昭和22年法律第67号）第252条の19第1項の指定都市（以下単に「指定都市」という。）を除き、特別区を含む。第8条第3号並びに第8条の2第1号及び第2号を除き、以下同じ。）町村の設置する小学校（義務教育学校の前期課程を含む。次条第2項において同じ。）又は中学校（義務教育学校の後期課程及び中等教育学校の前期課程を含む。同項において同じ。）の1学級の児童又は生徒の数の基準は、次の表の上欄に掲げる学校の種類及び同表の中欄に掲げる学級編制の区分に応じ、同表の下欄に掲げる数を標準として、都道府県の教育委員会が定める。ただし、都道府県の教育委員会は、当該都道府県における児童又は生徒の実態を考慮して特に必要があると認める場合については、この項本文の規定により定める数を下回る数を、当該場合に係る1学級の児童又は生徒の数の基準として定めることができる。

学校の種類	学級編制の区分	一学級の児童又は生徒の数
小学校 （義務教育学校の 前期課程を含む。）	同学年の児童で編制する学級	40人（第一学年の児童で編制する学級にあつては、35人）
	2の学年の児童で編制する学級	16人（第一学年の児童を含む学級にあつては、8人）
	学校教育法第81条第2項及び第3項に規定する特別支援学級（以下この表及び第7条第1項第5号において単に「特別支援学級」という。）	8人
中学校 （義務教育学校の 後期課程及び中等 教育学校の前期課 程を含む。）	同学年の生徒で編制する学級	40人
	2の学年の生徒で編制する学級	8人
	特別支援学級	8人

3 各都道府県ごとの、都道府県又は市町村の設置する特別支援学校の小学部又は中学部の1学級の児童又は生徒の数の基準は、6人（文部科学大臣が定める障害を2以上併せ有する児童又は生徒で学級を編制する場合にあつては、3人）を標準として、都道府県の教育委員会が定める。ただし、都道府県の教育委員会は、当該都道府県における児童又は生徒の実態を考慮して特に必要があると認める場合については、この項本文の規定により定める数を下回る数を、当該場合に係る1学級の児童又は生徒の数の基準として定めることができる。

公立高等学校の適正配置及び教職員定数の標準等に関する法律

第14条　公立の特別支援学校の高等部の１学級の生徒の数は、重複障害生徒（文部科学大臣が定める障害を２以上併せ有する生徒をいう。以下この条において同じ。）で学級を編制する場合にあつては３人、重複障害生徒以外の生徒で学級を編制する場合にあつては８人を標準とする。ただし、やむを得ない事情がある場合及び高等部を置く特別支援学校を設置する都道府県又は市町村の教育委員会が当該都道府県又は市町村における生徒の実態を考慮して特に必要があると認める場合については、この限りでない。

障害者基本法

第16条　国及び地方公共団体は、障害者が、その年齢及び能力に応じ、かつ、その特性を踏まえた十分な教育が受けられるようにするため、可能な限り障害者である児童及び生徒が障害者でない児童及び生徒と共に教育を受けられるよう配慮しつつ、教育の内容及び方法の改善及び充実を図る等必要な施策を講じなければならない。

2　国及び地方公共団体は、前項の目的を達成するため、障害者である児童及び生徒並びにその保護者に対し十分な情報の提供を行うとともに、可能な限りその意向を尊重しなければならない。

3　国及び地方公共団体は、障害者である児童及び生徒と障害者でない児童及び生徒との交流及び共同学習を積極的に進めることによつて、その相互理解を促進しなければならない。

4　国及び地方公共団体は、障害者の教育に関し、調査及び研究並びに人材の確保及び資質の向上、適切な教材等の提供、学校施設の整備その他の環境の整備を促進しなければならない。

発達障害者支援法

第１条　この法律は、発達障害者の心理機能の適正な発達及び円滑な社会生活の促進のために発達障害の症状の発現後できるだけ早期に発達支援を行うとともに、切れ目なく発達障害者の支援を行うことが特に重要であることに鑑み、障害者基本法（昭和45年法律第84号）の基本的な理念にのっとり、発達障害者が基本的人権を享有する個人としての尊厳にふさわしい日常生活又は社会生活を営むことができるよう、発達障害を早期に発見し、発達支援を行うことに関する国及び地方公共団体の責務を明らかにするとともに、学校教育における発達障害者への支援、発達障害者の就労の支援、発達障害者支援センターの指定等について定めることにより、発達障害者の自立及び社会参加のためのその生活全般にわたる支援を図り、もって全ての国民が、障害の有無によって分け隔てられることなく、相互に人格

と個性を尊重し合いながら共生する社会の実現に資することを目的とする。

第2条　この法律において「発達障害」とは、自閉症、アスペルガー症候群その他の広汎性発達障害、学習障害、注意欠陥多動性障害その他これに類する脳機能の障害であってその症状が通常低年齢において発現するものとして政令で定めるものをいう。

　2　この法律において「発達障害者」とは、発達障害がある者であって発達障害及び社会的障壁により日常生活又は社会生活に制限を受けるものをいい、「発達障害児」とは、発達障害者のうち18歳未満のものをいう。

第8条　国及び地方公共団体は、発達障害児（18歳以上の発達障害者であって高等学校、中等教育学校及び特別支援学校並びに専修学校の高等課程に在学する者を含む。以下この項において同じ。）が、その年齢及び能力に応じ、かつ、その特性を踏まえた十分な教育を受けられるようにするため、可能な限り発達障害児が発達障害児でない児童と共に教育を受けられるよう配慮しつつ、適切な教育的支援を行うこと、個別の教育支援計画の作成（教育に関する業務を行う関係機関と医療、保健、福祉、労働等に関する業務を行う関係機関及び民間団体との連携の下に行う個別の長期的な支援に関する計画の作成をいう。）及び個別の指導に関する計画の作成の推進、いじめの防止等のための対策の推進その他の支援体制の整備を行うことその他必要な措置を講じるものとする。

　2　大学及び高等専門学校は、個々の発達障害者の障害の特性に応じ、適切な教育上の配慮をするものとする。

障害者の権利に関する条約（日本政府公定訳）

第24条　教育

　1　締約国は、教育についての障害者の権利を認める。締約国は、この権利を差別なしに、かつ、機会の均等を基礎として実現するため、障害者を包容するあらゆる段階の教育制度及び生涯学習を確保する。当該教育制度及び生涯学習は、次のことを目的とする。

　(a)　人間の潜在能力並びに尊厳及び自己の価値についての意識を十分に発達させ、並びに人権、基本的自由及び人間の多様性の尊重を強化すること。

　(b)　障害者が、その人格、才能及び創造力並びに精神的及び身体的な能力をその可能な最大限度まで発達させること。

　(c)　障害者が自由な社会に効果的に参加することを可能とすること。

　2　締約国は、1の権利の実現に当たり、次のことを確保する。

　(a)　障害者が障害に基づいて一般的な教育制度から排除されないこと及び障害のある児童が障害に基づいて無償のかつ義務的な初等教育から又は中等教育から排除されないこと。

(b) 障害者が、他の者との平等を基礎として、自己の生活する地域社会において、障害者を包容し、質が高く、かつ、無償の初等教育を享受することができること及び中等教育を享受することができること。

(c) 個人に必要とされる合理的配慮が提供されること。

(d) 障害者が、その効果的な教育を容易にするために必要な支援を一般的な教育制度の下で受けること。

(e) 学問的及び社会的な発達を最大にする環境において、完全な包容という目標に合致する効果的で個別化された支援措置がとられること。

3 締約国は、障害者が教育に完全かつ平等に参加し、及び地域社会の構成員として完全かつ平等に参加することを容易にするため、障害者が生活する上での技能及び社会的な発達のための技能を習得することを可能とする。このため、締約国は、次のことを含む適当な措置をとる。

(a) 点字、代替的な文字、意思疎通の補助的及び代替的な形態、手段及び様式並びに定位及び移動のための技能の習得並びに障害者相互による支援及び助言を容易にすること。

(b) 手話の習得及び聾社会の言語的な同一性の促進を容易にすること。

(c) 盲人、聾者又は盲聾者（特に盲人、聾者又は盲聾者である児童）の教育が、その個人にとって最も適当な言語並びに意思疎通の形態及び手段で、かつ、学問的及び社会的な発達を最大にする環境において行われることを確保すること。

4 締約国は、1の権利の実現の確保を助長することを目的として、手話又は点字について能力を有する教員（障害のある教員を含む。）を雇用し、並びに教育に従事する専門家及び職員（教育のいずれの段階において従事するかを問わない。）に対する研修を行うための適当な措置をとる。この研修には、障害についての意識の向上を組み入れ、また、適当な意思疎通の補助的及び代替的な形態、手段及び様式の使用並びに障害者を支援するための教育技法及び教材の使用を組み入れるものとする。

5 締約国は、障害者が、差別なしに、かつ、他の者との平等を基礎として、一般的な高等教育、職業訓練、成人教育及び生涯学習を享受することができることを確保する。このため、締約国は、合理的配慮が障害者に提供されることを確保する。

索引

高等学校教員のための
特別支援教育入門

2020年 4 月24日 初版第 1 刷発行

編著者	大塚 玲
発行者	服部直人
発行所	株式会社萌文書林
	〒113-0021 東京都文京区本駒込6-25-6
	Tel.03-3943-0576　Fax.03-3943-0567
	https://www.houbun.com/
	info@houbun.com
印 刷	萩原印刷株式会社

ブックデザイン ─── 黒田陽子 (志岐デザイン事務所)
イラスト ─────── 小島サエキチ